Prix : 2,60

BIBLIOTHÈQUE
DES ÉCOLES ET DES FAMILLES

RICHARD CORTAMBERT

MŒURS ET CARACTÈRES
DES PEUPLES

(EUROPE — AFRIQUE)

MORCEAUX EXTRAITS DE DIVERS AUTEURS

PARIS
LIBRAIRIE HACHETTE ET Cie
79, BOULEVARD SAINT-GERMAIN, 79

MOEURS ET CARACTÈRES

DES PEUPLES

(EUROPE — AFRIQUE)

20955. — PARIS, IMPRIMERIE A. LAHURE
9, rue de Fleurus.

MŒURS ET CARACTÈRES

DES PEUPLES

(EUROPE — AFRIQUE)

MORCEAUX EXTRAITS DE DIVERS AUTEURS

PAR

RICHARD CORTAMBERT

TROISIÈME ÉDITION

PARIS
LIBRAIRIE HACHETTE ET Cie
79, BOULEVARD SAINT-GERMAIN, 79
1890

Droits de traduction et de reproduction réservés.

Cet ouvrage a pour but de faire connaître les mœurs des peuples, d'introduire le lecteur au foyer de chaque nation et de lui présenter sous une forme littéraire la physionomie et le caractère moral de l'homme.

Il n'est pas d'étude plus attrayante que celle des mœurs. Les spectacles les plus grandioses de la nature finiraient par nous lasser si nous n'avions pas en perspective l'apparition de l'homme, qui, ami ou ennemi, doux ou farouche, se rattache à nous par des liens si puissants que nous ne pouvons entrevoir sans terreur la pensée d'un monde, même d'un simple îlot privé de population.

Notre livre dépeint toutes les classes de la société, l'habitant de la campagne, l'habitant des villes, l'homme civilisé, l'homme sauvage.

Le plan que nous avons suivi est des plus simples. De considérations d'un ordre général, empruntées à l'élite des moralistes, nous sommes ensuite descendu à l'étude particulière de chaque nationalité, de chaque peuple.

Montesquieu, Buffon, Lamartine, Guizot et plusieurs grands écrivains contemporains sont les maîtres qui nous tracent d'abord le tableau de l'homme dans ses rapports intimes avec la Terre, subissant l'influence du milieu géographique dans lequel il vit, et forcé de se courber devant le premier de tous les empires, l'empire du climat.

A la France, un rang d'honneur dans cette galerie ! Elle ne serait pas notre patrie qu'elle mériterait quand même la première place, parce qu'elle est la grande initiatrice du genre humain et qu'elle conduit le monde par l'élévation de ses idées, par la largeur de ses vues.

Continuez à feuilleter le livre, toutes les nations de l'Europe vont maintenant vous livrer le secret de leurs mœurs, prises sur le vif par des observateurs délicats, par des peintres coloristes.

La jeunesse, à laquelle est spécialement destiné cet ouvrage, trouvera, nous en sommes convaincu, un puissant attrait dans le contraste des coutumes, des usages, du genre de vie de ces populations, qui ont toutes leur côté saillant, leur marque distinctive.

Persuadé que les contrastes sont à eux seuls un enseignement, nous avons opposé aux mœurs européennes celles de l'Afrique.

Nous voilà dans le pays du soleil, en Égypte, dans les États Barbaresques, dans le Sahara et le Soudan, conduits principalement par plusieurs voyageurs essentiellement artistes.

Du monde à demi civilisé, nous nous élançons ensuite dans l'intérieur de l'Afrique avec Livingstone, Speke, Baker, Schweinfurth, Cameron et Stanley. Partout nous nous sommes efforcé de mettre en pleine lumière le côté vraiment caractéristique de chaque peuple.

Ce livre, comme celui qui l'a précédé dans la même collection, *Voyage pittoresque à travers le monde*, est composé de morceaux signés par les écrivains les plus autorisés, par les voyageurs les plus éminents. Nous nous sommes contenté, pour ainsi dire, de réunir tous ces charmants ou vaillants esprits, de les installer au même logis, à la même table; nous leur avons demandé de nous raconter quelques-uns des traits de mœurs qui, dans leurs voyages ou leur vie d'aventure, les ont le plus frappés, et nous nous sommes hâté de transcrire leurs récits, assuré qu'ils ne manqueraient pas de captiver les lecteurs, comme ils nous ont captivé nous-même.

TABLE DES MATIÈRES

INTRODUCTION

	Pages
L'homme, par Buffon	1
Idée d'une puissance supérieure chez les hommes, par A. de Quatrefages.	2
Origine et mobiles de l'industrie humaine, par Volney	3
La Terre et les mœurs (citations diverses), par Montesquieu, Lamartine, etc.	

L'EUROPE ET LES EUROPÉENS

CONSIDÉRATIONS GÉNÉRALES

La civilisation européenne, par Guizot	7
Langues diverses de l'Europe, par Mme de Staël	9
Les principaux peuples européens. Traits comparatifs	10

FRANCE

Le type français, par Élisée Reclus	11
Le caractère français (citations diverses), par Raynal, Mme de Staël, H. Corne, Lamartine, Montalembert, etc.	11
La Française (citations diverses), par Mézières, Élisée Reclus	15
Le paysan français, par Mézières	16
L'ouvrier, par Mézières	17
La bourgeoisie, par Mézières	18
Le soldat français. Le zouave, par le duc d'Aumale	20
Populations diverses de la France. Traits comparatifs, par Élisée Reclus, Michelet, etc.	21
L'enfant de Paris, par Victor Hugo	24
Le Parisien, par Maxime Du Camp	24
Alsaciens-Lorrains, par Élisée Reclus	29
Lorrains, par Ancelon	32
L'habitant des forêts de l'Ardenne, par H. Taine	33
Le vigneron français, par François Fertiault	34

TABLE DES MATIÈRES.

	Pages.
Le loup de mer (type du marin dunkerquois), par Deherrypon	55
L'esprit normand, par Chéruel	39
La population havraise, par Ch. Diguet	40
Le paysan de la vallée d'Auge, par Monteil	41
Bretons et Normands. Départ pour la pêche à la morue, par Jules Duval	42
Bretons, par Jules Janin	45
Noce dans la Bretagne d'autrefois, par Souvestre	46
Une noce vendéenne, par Abel Hugo	49
Anciens usages de la Sologne, par Abel Hugo	51
Les Morvandeaux, par Dupin	52
Mineurs du Creusot, par Simonin	53
Habitants de Saint-Étienne. Industrie des rubans, par Marius Vachon	57
Habitants de la Basse-Auvergne, par le comte Henri d'Ideville	59
Le Lyonnais, par Jules Lermina	60
Le Marseillais (la vie populaire), par Horace Bertin	61
Les Bordelais, par Eugène d'Auriac	64
Le montagnard des Pyrénées, par Ramond	65
Contrebandier des Pyrénées, par Thiers	65
Habitants des gorges des Pyrénées (vallée d'Ossau), par Taine	67
Les Basques, par Élisée Reclus	67
Émigration des petits Savoyards, par A. Guiraud	71
Les Dauphinois, par Thiers	74
Les Corses, par Élisée Reclus	75

ANGLETERRE

L'Anglais (l'homme physique et l'homme moral), par le docteur Clavel	77
L'esprit anglais (citations diverses), par Taine, Rondelet, Chateaubriand, Loménie, etc.	81
La civilisation en Angleterre, par Guizot	84
L'Anglais à Noël, par Alphonse Esquiros	86
Les pauvres de Londres, par Louis Énault	87
Le Derby, par H. Taine	88
Mineurs du pays de Galles. La misère à Merthyr-Tydvil, par Simonin	92
Le sel dans la vieille Angleterre, par Alphonse Esquiros	94

BELGIQUE ET PAYS-BAS

Belges et Hollandais, par Van Ryk	96
Le Bruxellois, par le même	99
Les classes ouvrières en Belgique, par le même	99
Le Hollandais, par Charles Henry	101
Fanatisme de la propreté en Hollande, par Maxime Du Camp	101
Une école primaire dans les Pays-Bas, par Henry Havard	103

TABLE DES MATIÈRES

Zélande et Zélandais, par Ch. de Coster.................................... 104

DANEMARK

L'école. La civilisation danoise, par Dargaud....................... 108

SUÈDE ET NORVÈGE

Le dimanche en Dalécarlie, par Albert Vandal...................... 109
Un camp de Lapons, par de Sainte-Blaize........................ 113
La cuisine chez les Lapons, par Louis Énault...................... 117

RUSSIE

Les Russes, par J.-J. Rousseau................................. 119
Même sujet, par Haxthausen................................... 119
Esprit religieux en Russie, par Caillatte......................... 120
Un intérieur à Saint-Pétersbourg, par Théophile Gautier........... 121
Course sur la Néva, par Théophile Gautier....................... 123
Les Cosaques du Don, par Dixon................................ 124
La foire de Nijni-Novgorod, par Mme de Bourboulon.............. 129

AUTRICHE-HONGRIE

Les Magyars, par Élisée Reclus................................. 130
La Bohême et ses habitants, par Malte-Brun..................... 133

ALLEMAGNE

Les Allemands et le caractère germanique (citations diverses), par le docteur Clavel, Élisée Reclus, Victor Duruy, Victor Tissot....... 135
La femme allemande, par Victor Tissot.......................... 139
Civilisation en Allemagne, par Guizot............................ 140
L'émigration allemande, par Jules Duval......................... 143
La Fête-Dieu à Munich, par Victor Tissot........................ 144
L'usine Krupp à Essen, par Victor Tissot........................ 145

SUISSE

Les Suisses (citations diverses), par Élisée Reclus, Malte-Brun..... 149
Le montagnard suisse, par Dixon................................ 153
La femme génevoise, par R. Rey................................ 155
Les Vaudois, par R. Rey.. 156
Voyage à travers les montagnes, par Tœpfer..................... 157
Les habitants de l'Engadine, par Stephen Liégeard............... 158

ESPAGNE ET PORTUGAL

	Pages
Les Espagnols (citations diverses), par Élisée Reclus, Thiers, Jurien de la Gravière, etc.	163
Comment on voyageait en Espagne il y a trente ans, par Théophile Gautier.	164
Les Castillans, par Élisée Reclus.	167
Physionomie de la rue à Madrid, par Imbert.	168
La Mesta en Espagne, par Malte-Brun.	171
Les Gitanos (Bohémiens), par Prosper Mérimée.	172
Les Portugais, par Malte-Brun.	176

ITALIE

Les Italiens (citations diverses), par de Sismondi, Stendhal, Lamartine, H. Taine.	179
Le paysan romain, par H. Taine.	180
Le Génois de la ville basse, par Jules Gourdault.	182
Les Napolitains, par Mme de Staël.	183
Les Siciliens, par Malte-Brun.	184
Le carnaval à Rome, par Francis Wey.	187
Brigands italiens, par Élisée Reclus.	188

PÉNINSULE DES BALKANS

Le peuple grec, par Edmond About.	192
La vie athénienne, par Henri Belle.	195
Les Roumains, par Élisée Reclus.	195
La race bosniaque, par Rousseau.	199
Le Monténégrin, par Élisée Reclus.	200
La femme monténégrine, par Frilley et Wlahovitj.	200
Les Tziganes, par Camille Allard.	204

L'AFRIQUE ET LES AFRICAINS

ÉGYPTE

Le Fellah en Égypte, par Théophile Gautier.	207
Un bazar au Caire, par Maxime Du Camp.	209
Prière des ablutions en Égypte, par le même.	211
Cérémonie religieuse au Caire. Le Dosseh, par le même.	213
Les Psylles, par le même.	216

NUBIE ET ABYSSINIE

Un duel chez les Amarrar, en Nubie. Etbaye et Bicharich, par Linant

TABLE DES MATIÈRES

de Bellefonds.. 220
Les Abyssins, par Rochet d'Héricourt................................ 221

BARBARIE ET SAHARA

Le Kabyle, par Duhousset... 223
Danse des ténèbres chez les Arabes, en Algérie, par Eugène Fromentin.. 224
Politesse des Arabes en Algérie, par le général Daumas............ 227
Les Arabes du Maroc, par Narcisse Cotte............................ 228
Une fantasia au Maroc, par le même.................................. 231
Les Santons au Maroc (mœurs musulmanes), par le même........ 233
Les Touaregs, par R. C... 234
Expéditions des Touaregs, par le général Daumas................... 238

SOUDAN

Parures des Chillouk (haut Nil), par Schweinfurth.................. 239
Le luxe chez les Nouerr et les Bari (haut Nil), par Baker.......... 240
Les habitations des Dioûr (haut Nil), par Schweinfurth............ 242
Traits de mœurs à la cour de l'Ouganda (Afrique intérieure), par Speke... 245
Niam-Niam (Afrique intérieure), par Schweinfurth................. 249
Les Akka ou les Pygmées d'Afrique, par le même.................. 254
Étrange monnaie du Soudan occidental, par Mage.................. 258

GUINÉE

Rites funéraires sur la côte de Guinée (Grand-Bassam), par Fleurio de Langle.. 262
La fête des coutumes au Dahomey, par Euschart................... 265
Le luxe chez les Gabonaises, par Griffon du Bellay................ 266
Fétiches et féticheurs, au Gabon, par le même...................... 269

AFRIQUE CENTRO-AUSTRALE

Les Ouanyamouézi, par le capitaine Burton......................... 271
Les salutations dans l'Oujiji. Anonyme.............................. 271
Réception chez les souverains de Londa, par Livingstone......... 273
Grande mode dans l'Afrique intérieure, par Cameron............. 274
Échange du sang dans l'Afrique centrale, par le même............ 279
Habitants des bords du lac Victoria, par Stanley................... 280
Les Vouaboudjoué et leurs voisins (à l'ouest du lac Tanganyika), par le même.. 283

TABLE DES MATIÈRES

	Pages
Les Manyéma (au nord-ouest du lac Tanganyika), par le même	282
Les Damaras, par Thomas Baines	284

MERS DE L'AFRIQUE AUSTRALE

Chasse à l'albatros, par l'amiral Fleuriot de Langle	283
Les Malgaches, par Ida Pfeiffer	239

MŒURS ET CARACTÈRES

DES PEUPLES

(EUROPE — AFRIQUE)

INTRODUCTION

L'HOMME

Tout marque dans l'homme, même à l'extérieur, sa supériorité sur tous les êtres vivants : il se soutient droit et élevé; son attitude est celle du commandement; sa tête regarde le ciel et présente une face auguste sur laquelle est imprimé le caractère de sa dignité; l'image de l'âme y est peinte par la physionomie; l'excellence de sa nature perce à travers les organes matériels et anime d'un feu divin les traits de son visage; son port majestueux, sa démarche ferme et hardie, annoncent sa noblesse et son rang; il ne touche à la terre que par ses extrémités les plus éloignées, il ne la voit que de loin et semble la dédaigner; les bras ne lui sont pas donnés pour servir de piliers d'appui à la masse du corps; sa main ne doit pas fouler la terre et perdre, par des frottements réitérés, la finesse du toucher dont elle est le principal organe; le bras et la main sont faits pour servir à des usages plus nobles, pour exécuter les ordres de sa volonté, pour saisir les choses éloignées, pour écarter les obstacles, pour prévenir les rencontres et le choc de ce qui pourrait nuire, pour embrasser et retenir ce qui peut plaire, pour le mettre à portée des autres sens.

Lorsque l'âme est tranquille, toutes les parties du visage sont dans un état de repos : leur proportion, leur union, leur ensemble, marquent encore assez la douce harmonie des pensées et répondent au calme de l'intérieur ; mais, lorsque l'âme est agitée, la face humaine devient un tableau vivant où les passions sont rendues avec autant de délicatesse que d'énergie, où chaque mouvement de l'âme est exprimé par un trait, chaque action par un caractère dont l'expression vive et prompte devance la volonté, nous décèle, et rend au dehors, par des signes pathétiques, les images de nos secrètes agitations.

Buffon, Histoire naturelle.

IDÉE D'UNE PUISSANCE SUPÉRIEURE CHEZ TOUS LES HOMMES

Chez les nations les plus sauvages, jusque dans les peuplades que d'un commun accord on place aux derniers rangs de l'humanité, des actes publics ou privés nous forcent à reconnaître que partout l'homme a su voir, à côté et au-dessus du bien et du mal physiques, quelque chose de plus élevé ; chez les nations les plus avancées, des institutions entières reposent sur ce fondement.

La notion abstraite du bien et du mal moral se retrouve ainsi dans tous les groupes d'hommes. Rien ne peut faire supposer qu'elle existe chez les animaux. Elle constitue donc un premier caractère du règne humain. Pour éviter le mot de *conscience*, pris souvent dans un sens trop précis et trop restreint, j'appellerai *moralité* la faculté qui donne à l'homme cette notion, comme on a nommé *sensibilité* la propriété de percevoir des sensations.

Il est d'autres notions, se rattachant généralement les unes aux autres, et que l'on retrouve dans les sociétés humaines même les plus restreintes ou les plus dégradées. Partout on croit à un monde autre que celui qui nous entoure, à certains êtres mystérieux d'une nature supérieure qu'on doit redouter ou vénérer, à une existence future qui attend une partie de notre être après la destruction du corps. En d'autres termes, la notion de la Divinité et celle d'une autre vie sont tout aussi généralement répandues que celle du bien et du mal. Quelque vagues qu'elles soient parfois, elles n'en enfantent pas moins partout un certain nombre de faits significatifs. C'est à elles que se rattachent une foule de coutumes, de pratiques signalées par les voyageurs, et qui, chez les tribus les plus barbares, sont les équivalents bien modestes des grandes manifestations de même nature dues aux peuples civilisés.

A. DE QUATREFAGES, *Unité de l'espèce humaine.*

ORIGINE ET MOBILES DE L'INDUSTRIE HUMAINE

Toute activité, soit de corps, soit d'esprit, prend sa source dans les besoins ; c'est en raison de leur étendue, de leurs développements, qu'elle-même s'étend et se développe ; l'on en suit la gradation depuis les éléments les plus simples jusqu'à l'état le plus composé. C'est la faim, c'est la soif, qui, dans l'homme encore sauvage, éveillent les premiers mouvements de l'âme et du corps ; ce sont ces besoins qui le font courir, chercher, épier, user d'astuce ou de violence ; toute son activité se mesure sur les moyens de pourvoir à sa subsistance. Sont-ils faciles, a-t-il sous sa main les fruits, le gibier, le poisson, il est moins actif, parce qu'en étendant le bras il se rassasie, et que, rassasié, rien ne l'invite à se mouvoir, jusqu'à ce que l'expérience de diverses jouissances ait éveillé en lui des désirs qui deviennent des besoins nouveaux, de nouveaux mobiles d'activité. Les moyens sont-ils difficiles, le gibier est-il rare et agile, le poisson rusé, les fruits passagers, alors l'homme est forcé d'être plus actif ; il faut que son corps et son esprit s'exercent à vaincre les difficultés qu'il rencontre à vivre ; il faut qu'il devienne agile comme le gibier, rusé comme le poisson, et prévoyant pour conserver les fruits. Alors, pour étendre ses facultés naturelles, il s'agite, il pense, il médite ; alors il imagine de courber un rameau d'arbre pour en faire un arc, d'aiguiser un roseau pour en faire une flèche, d'emmancher un bâton à une pierre tranchante pour en faire une hache ; alors il travaille à faire des filets, à abattre des arbres, à en creuser le tronc pour en faire des pirogues. Déjà il a franchi les bornes des besoins ; déjà l'expérience d'une foule de sensations lui a fait connaître des jouissances et des peines, et il prend un surcroît d'activité pour écarter les unes et multiplier les autres. Il a goûté le plaisir d'un ombrage contre les feux du soleil : il se fait une cabane. Il a éprouvé qu'une peau le garantit du froid : il se fait un vêtement. Il a bu l'eau-de-vie et fumé le tabac : il les a aimés. Il veut en avoir encore : il ne le peut qu'avec des peaux de castor, des dents d'éléphant, de la poudre d'or, etc. ; il redouble d'activité, et il parvient, à force d'industrie, jusqu'à vendre son semblable.

Volney, *Voyage en Syrie.*

LA TERRE ET LES MŒURS (CITATIONS DIVERSES)

Les lois doivent être relatives au physique du pays, au climat glacé, brûlant ou tempéré, à la qualité du terrain, à sa situation, à sa grandeur, au genre de vie des peuples, laboureurs, chasseurs ou pasteurs ; elles doivent se rapporter au degré de liberté que la constitution peut souffrir, à la religion des habitants, à leurs inclinations, à leurs richesses et à leur nombre, à leur commerce, à leurs mœurs, à leurs manières.

Montesquieu.

Les habitants d'un pays conservent toujours à peu près le même caractère.

Machiavel.

L'empire du climat est le premier de tous les empires.

Montesquieu.

Il faut approprier les institutions à la situation géographique, au caractère national, à l'activité industrieuse, à l'état de civilisation du peuple.

Lamartine.

Les races douées d'une vitalité particulière et qui méritent le nom d'autochthones absorbent et effacent les immigrations des autres races avec autant de facilité que la végétation d'un pays étouffe et fait disparaître les fleurs exotiques auxquelles la culture les force de céder momentanément la place. Une population nombreuse, d'un sang vif, d'un tempérament heureux, d'un caractère tranché, s'assimile sans peine des conquérants peu nombreux, détachés de leurs semblables, plus vite énervés par le climat.

Beulé.

Il y a deux sortes de peuples pauvres : ceux que la dureté du gouvernement a rendus tels, et ces gens-là sont incapables de presque aucune vertu parce que leur pauvreté fait une partie de leur servitude ; les autres ne sont pauvres que parce qu'ils ont dédaigné ou parce qu'ils n'ont pas connu les commodités de la vie, et ceux-ci peuvent faire de grandes choses parce que cette pauvreté fait une partie de leur liberté.

MONTESQUIEU.

Il n'y a qu'une vraie et durable richesse, l'agriculture, qui nourrit beaucoup d'hommes, — comme il n'y a qu'une vraie civilisation, celle qui rend plus laborieux, plus religieux et plus citoyen.

LAMARTINE.

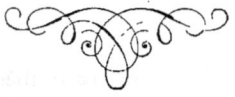

L'EUROPE ET LES EUROPÉENS

CONSIDÉRATIONS GÉNÉRALES

LA CIVILISATION EUROPÉENNE

Il est évident qu'il y a une civilisation européenne ; qu'une certaine unité éclate dans la civilisation des divers États de l'Europe ; que, malgré de grandes diversités de temps, de lieux, de circonstances, partout cette civilisation découle de faits à peu près semblables, se rattache aux mêmes principes et tend à amener à peu près partout des résultats analogues. Il y a donc une civilisation européenne.....

D'un autre côté, il est évident que cette civilisation ne peut être cherchée, que son histoire ne peut être puisée dans l'histoire d'un seul des États européens. Si elle a de l'unité, sa variété n'en est pas moins prodigieuse ; elle ne s'est développée tout entière dans aucun pays spécial. Les traits de sa physionomie sont épars : il faut chercher, tantôt en France, tantôt en Angleterre, tantôt en Allemagne, tantôt en Italie ou en Espagne, les éléments de son histoire.

Nous sommes bien placés pour nous adonner à cette recherche et étudier la civilisation européenne. Il ne faut flatter personne, pas même son pays ; cependant je crois qu'on peut dire sans flatterie que la France a été le centre, le foyer de la civilisation de l'Europe. Il serait excessif de prétendre qu'elle ait marché toujours, et dans toutes les directions, à la tête des nations. Elle a été devancée, à diverses époques, dans les arts par l'Italie, dans les institutions politiques par l'Angleterre. Peut-être, sous d'autres points de vue, à certains moments, trouverait-on d'autres pays de l'Europe qui lui ont été supérieurs ; mais il est impossible de méconnaître que, toutes les fois que la France s'est vue devancée dans la carrière de la civilisation, elle a repris une nouvelle vigueur, s'est élancée, et s'est retrouvée bientôt au niveau ou en avant de tous. Et non-seulement telle a été la destinée particulière de la France, mais les idées, les institutions civilisantes, si je puis ainsi parler, qui ont pris naissance dans d'autres territoires, quand elles ont voulu se transplanter, devenir fécondes et générales, agir au profit commun de la civilisation européenne, on les a vues, en quelque sorte, obligées de subir en France une nouvelle préparation ; et c'est de la France, comme d'une seconde patrie, qu'elles se sont élancées à la conquête de l'Europe. Il n'est presque aucune grande idée, aucun grand principe de civilisation qui, pour se répandre partout, n'ait passé d'abord par la France.

C'est qu'il y a dans le génie français quelque chose de sociable, de sympathique, quelque chose qui se propage avec plus de facilité et d'efficacité que le génie de tout autre peuple : que ce soit l'effet de notre langue, du tour de notre esprit, ou de nos mœurs, nos idées sont plus populaires, se présentent plus clairement aux masses, y pénètrent plus promptement ; en un mot, la clarté, la sociabilité, la sympathie, sont le caractère particulier de la France, de sa civilisation, et ces qualités la rendaient éminemment propre à marcher à la tête de la civilisation européenne.

. . . .

Guizot, *Histoire de la civilisation en Europe.*

LANGUES DIVERSES DE L'EUROPE

L'italien et l'espagnol sont modulés comme un chant harmonieux ; le français est éminemment propre à la conversation ; les débats parlementaires et l'énergie naturelle à la nation ont donné à l'anglais quelque chose d'expressif qui supplée à la prosodie de la langue ; l'allemand est plus philosophique de beaucoup que l'italien, plus poétique par sa hardiesse que le français, plus favorable au rhythme des vers que l'anglais ; mais il lui reste encore une sorte de raideur, qui vient peut-être de ce qu'on ne s'en est guère servi ni dans la société ni en public.

Mme DE STAEL, l'Allemagne.

LES PRINCIPAUX PEUPLES EUROPÉENS (TRAITS COMPARATIFS)

La magnificence éclate, chez les Allemands dans les fortifications, chez les Anglais dans les flottes, chez les Espagnols dans les armes, chez les Français dans les hôtels et dans l'ameublement, chez les Italiens dans les temples.

A table, l'Allemand est mangeur, l'Anglais buveur immodéré, l'Espagnol frugal, l'Italien sobre, le Français délicat.

En fait de conseil, l'Allemand est lent, l'Anglais discret, l'Espagnol prévoyant, l'Italien subtil, le Français déterminé.

Quant au caractère, l'Allemand est sérieux, l'Anglais doux l'Espagnol grave, l'Italien facile, le Français gai.

En fait de chant, l'Espagnol pleure, l'Italien se plaint, l'Allemand meugle, le Flamand hurle, le Français chante.

Les maris sont maîtres en Allemagne, valets en Angleterre, geôliers en Italie, tyrans en Espagne, compagnons en France.

Auteurs divers.

FRANCE

LE TYPE FRANÇAIS

On trouve parmi les Français les représentants des types les plus divers, ou plutôt ils forment par leur ensemble un type nouveau où la mobilité de l'expression remplace la pureté des lignes, où les aptitudes gagnent en diversité ce qu'elles perdent en énergie. Le Français, et surtout la Française, se distinguent d'ordinaire, non par la régularité des traits ni par la noblesse du visage, mais par la physionomie : ils peuvent exprimer tous les sentiments, rendre toutes les idées, parce qu'ils les éprouvent et les comprennent. Tous les peuples trouvent en eux un écho de leurs propres pensées. Telle est la raison pour laquelle les grands mouvements de l'Europe ont toujours eu leur contre-coup puissant en France, quand ils n'y ont pas pris naissance.

Élisée Reclus, Nouvelle Géographie universelle.

LE CARACTÈRE FRANÇAIS (CITATIONS DIVERSES)

Voyagez beaucoup et vous ne trouverez pas de peuple aussi doux, aussi affable, aussi franc, aussi spirituel que le Français. Il s'affecte avec vivacité et promptitude, et quelquefois pour des choses frivoles, tandis que les objets importants le touchent peu ou n'excitent que sa plaisanterie. Le ridicule est son arme favorite et la plus redoutable pour les autres et pour lui-même. Il passe rapidement du plaisir à la peine et de la peine au plaisir. Le même bonheur le fatigue : il s'engoue, mais il n'est ni intolérant ni enthousiaste. Il a le tact exquis, le goût très-fin. Il est brave. Il est plutôt indiscret que confiant, et plus libertin que voluptueux. La sociabilité qui le rassemble en cercles nombreux et qui le promène en un jour dans vingt cercles différents, use tout pour lui, en un clin d'œil, ouvrages, nouvelles, modes, vices, vertus. La France est la contrée où il est le plus facile de faire parler de soi et le plus difficile d'en faire parler longtemps. Le Français aime les talents en tous genres, et c'est moins pour les récompenses du gouvernement que par la considération populaire qu'ils se soutiennent dans son pays. Il honore le génie ; il est plus fait pour l'amusement que pour l'amitié. Il a des connaissances sans nombre, et souvent il meurt seul. C'est l'être de la Terre qui a le plus de jouissances et le moins de regrets. Le Français mûr, instruit et sage, qui a conservé les agréments de sa jeunesse, est l'homme aimable et estimable de tous les pays.

Raynal, *Histoire philosophique.*

Dans toutes les classes, en France, on sent le besoin de causer : la parole n'y est pas comme ailleurs un moyen de se communiquer ses idées, ses sentiments, ses affaires ; mais c'est un instrument dont on aime à jouer et qui ranime les esprits, comme la musique chez quelques peuples.

Mme de Stael.

Chez nous, toute partie de la population aspire à une fonction publique, pour en tirer vanité et pour en vivre commodément ; c'est une fièvre endémique qu'on nommerait à bon droit le mal français. La *belle éducation* qu'à cet égard les pères donnent à leurs fils ne manque pas de porter ses fruits. A vingt-cinq ans l'aspirant fonctionnaire est vieux déjà de circonspection et de tactique. Il sonde prudemment le terrain sur lequel il marche ; il sait les hommes qui, de près ou de loin, levier ou échelon, peuvent le servir ou le faire arriver. Il a étudié les mœurs des animaux qui vivent de leur chasse, et il a appris d'eux à ruser, patienter longtemps, à endurer beaucoup de choses. Il s'est fait à enfin à son usage personnel des axiomes de morale mitigée, ceux-ci notamment : « Se bien garder d'avoir quelque chose, un caractère, une conviction, un culte de l'âme et des règles fixes, pour juger la conduite des hommes publics. — Tenir toujours pour certain que la bonne cause est celle qui a réussi. — Ignorer les pouvoirs déchus, les hommes tombés, et ne les renier que dans les cas pressants. » Les jeunes gens de cette école ont les plus belles chances d'avenir.

Hyacinthe Corne.

Peuple de beaux instincts, mais de peu de moralité politique, toujours enivré de lui-même, enivrant les autres peuples de son génie et de son exemple; mais ne tenant pas plus à ses vérités qu'à ses rêves, et créé pour lancer le monde plutôt que pour le diriger vers le bien.

Lamartine.

C'est le seul peuple dont les mœurs peuvent se dépraver sans que le fond du cœur se corrompe ni que le courage s'altère; il allie les qualités héroïques avec le plaisir, le luxe et la mollesse; ses vertus ont peu de consistance, ses vices n'ont point de racines.

Duclos.

Le peuple français conserve sa liberté par ses mœurs, et ses mœurs par sa liberté.

De Sèze.

En France, la moquerie s'exprime souvent par des chansons, genre d'escrime qu'on excuse et qui laisse néanmoins des blessures profondes dans le fond du cœur.

Alibert.

En France, on ne peut être sérieux que gaiement, et il n'est pas de bonnes leçons sans éclats de rire.

Édouard Fournier

Le Français est l'enfant de l'Europe ; si l'on a quelquefois vu parmi nous des crimes odieux, ils ont disparu plutôt par le caractère national que par la sévérité des lois.

Duclos.

Les Anglais ont l'esprit public, et nous l'honneur national ; nos belles qualités sont plutôt des dons de la faveur divine que les fruits d'une éducation politique.

Chateaubriand.

La population française sert de levain aux autres nationalités d'Europe. Sa mobilité même la rend plus propre à remuer à son tour la masse plus stationnaire des autres peuples.

De Loménie.

Dans notre patrie, les admirations et les mépris sont toujours excessifs.

Émile Souvestre.

En France, on laisse en repos ceux qui mettent le feu, et l'on persécute ceux qui sonnent le tocsin.

Chamfort.

Les autres peuples ne forment que l'honorable public qui assiste en spectateur à la grande comédie jouée par le peuple français.

Henri Heine.

Certes le mal est grand dans notre pays ; mais, si l'on promène un regard attentif sur toutes ses faces, que le bien y apparaît souvent ! et qu'il est merveilleux dans ses efforts pour faire équilibre aux forces du mal ! Si l'on fouille les fondations mystérieuses et les recoins oubliés de notre édifice social, quels prodiges de puissance et de grandeur morale s'entr'ouvrent devant nous ! Dans les nombreuses armées du travail, comme dans celles qui, toujours précédées de nos missionnaires et de nos martyrs, portent sur des plages lointaines le drapeau de la France ; dans toutes les professions diversement laborieuses, depuis le pauvre étudiant qui prélude par tant de vaillants efforts et de si dures privations à des triomphes futurs, jusqu'à l'ouvrière restée pure et honnête malgré les tentations de la misère, quels miracles de renoncement et de patience, de sang-froid et d'humanité, de sympathie et de dignité ! que de longs et de rudes apprentissages d'une vie meilleure ! que de cœurs droits et fermes dont les généreux battements défient tous les orages et toutes les langueurs d'ici-bas !

De Montalembert.

LA FRANÇAISE (CITATIONS DIVERSES)

Une Française, de quelque rang qu'elle soit, ne se confond, en général, ni avec une Allemande ni avec une Anglaise. Ni la nature ni l'éducation ne les font semblables. Le trait particulier de la femme de notre pays, c'est la vivacité et la facilité de son intelligence. Elle saisit vite, comprend à demi-mot, répond nettement aux questions qu'on lui adresse et surprend fréquemment les étrangers par la promptitude de ses reparties. Rien de plus commun en France, chez les femmes du peuple, que l'esprit naturel et la finesse.....

A. Mézières, *la Société française*.

Plus encore que le Français, la Française peut être considérée comme représentant la plus haute expression du caractère national. A ses vertus de famille, l'ordre, l'économie, la prudence, la promptitude de décision dans les choses du ménage et les affaires, elle ajoute des qualités sociales qui lui donnent un charme tout particulier, le bon sens, le naturel, l'esprit, l'à-propos ; elle ravit par sa conversation, et c'est à elle surtout qu'est dû l'attrait de la société française.

Élisée Reclus, Nouvelle Géographie universelle

LE PAYSAN FRANÇAIS

Que manque-t-il à ces populations utiles, actives, moins vicieuses que celles des villes, auxquelles on ne saurait, en général, reprocher d'autres défauts graves qu'une disposition à l'avarice et peu de bonne foi dans les transactions? Elles sont moins amollies qu'aucune autre classe de la société, elles savent supporter sans se plaindre les travaux les plus pénibles et la vie la plus dure. Elles restent saines et fortes, elles ont peu de besoins, elles ne craignent ni les privations ni l'absence de plaisirs. Rien de plus sévère ni de plus simple que leur vie. Peu de distractions, peu de goût pour les recherches de la toilette, encore moins pour celles de la table. La vieille simplicité et les habitudes modestes de la classe moyenne se conservent encore dans nos villages, même au sein de l'aisance. Il leur manque cependant un grand élément de force, l'énergie d'un ressort moral, un mobile plus élevé et plus noble que l'intérêt personnel. On sent trop d'égoïsme au fond de leurs vertus. Tout ce qu'elles font de bien, elles le font avec une arrière-pensée trop visible pour obtenir un résultat matériel, tranchons le mot, un bénéfice. On voudrait découvrir à la source de leurs actions un principe désintéressé qui ne s'y trouve pas.....

A. Mézières, la Société française.

L'OUVRIER

L'ouvrier ne ressemble pas au paysan. Ce sont comme deux populations distinctes, que le hasard rapproche quelquefois l'un de l'autre, mais dont les mœurs et les sentiments diffèrent. Tandis que le paysan vit seul, sans rapports étroits avec ses voisins, et non sans défiance à leur égard, l'ouvrier vit par troupes, au milieu de camarades auxquels la nécessité d'abord, puis l'habitude et l'instinct de la solidarité l'attachent. La vie commune développe en lui des qualités et des défauts qu'on ne retrouverait pas dans la vie solitaire du campagnard. Le cabaret, dont la porte s'ouvre sur sa route, à quelque heure qu'il arrive au travail ou qu'il en sorte, le cabaret, où il voit entrer ses compagnons, où ceux-ci cherchent à l'entraîner, où l'attend un peu de repos et de gaieté, l'expose à des tentations journalières que le paysan connaît moins.....

On voit des ouvriers absorber en deux jours le bénéfice qui leur reste après une quinzaine de travail. Ni le mariage ni l'élévation du salaire n'y peuvent rien. Quelques-uns laissent mourir leur famille de faim pendant qu'ils boivent au cabaret. D'autres y entraînent leurs femmes et leurs enfants. Le ménage gaspille en commun. Les mieux payés, ceux qui gagnent dans certains métiers jusqu'à dix francs par jour, n'en sont pas plus sages pour cela et se trouvent à la fin du mois aussi pauvres que les plus pauvres. Ce défaut de prévoyance, qui du reste ne fait souffrir que ceux qui en sont atteints, est compensé chez l'ouvrier par une grande qualité, fort rare chez le paysan, la générosité. Il faut entendre ce mot dans tous ses sens. L'ouvrier ne peut voir souffrir son voisin sans vouloir aussitôt lui venir en aide. Que de fois ne partage-t-il pas son pain, ses vêtements, jusqu'à la dernière ressource, avec ceux qui n'ont rien ! Que de fois des ménages pauvres et chargés d'enfants n'ont-ils pas adopté un orphelin abandonné, pour ne pas le laisser sans secours sur le pavé d'une grande ville! Une collecte de bienfaisance est toujours accueillie dans les ateliers avec une sympathie touchante.....

Toutes les idées généreuses y pénètrent, du reste, à leur tour, et y excitent un noble enthousiasme. Aucun public n'écoute avec plus de recueillement et n'applaudit avec plus de chaleur une parole élevée que le public populaire.....

A. Mézières, la Société française.

LA BOURGEOISIE

La bourgeoisie, dont les rangs s'élargissent sans cesse, où vient se fondre successivement l'élite des travailleurs, forme cette classe moyenne qui administre les affaires de la France et en représente l'esprit dans le monde. Quoique dépossédée par le suffrage universel du droit de vote presque exclusif qui lui appartenait autrefois, quoique en minorité devant le scrutin, elle n'en garde pas moins, par sa richesse, par ses lumières, par la possession des emplois publics, une influence prépondérante. Elle ne fait plus tout ce qu'elle veut, mais, si elle savait se servir de ses forces, il serait difficile qu'on fît le contraire de ce qu'elle veut. Je n'étudierai pas toutes les variétés qu'elle nous offre, depuis le petit rentier ou le modeste employé jusqu'au banquier millionnaire. Je cherche ici surtout les traits distinctifs et les caractères généraux.

La classe moyenne en France se compose d'hommes en général bien doués, qui ont reçu de la nature une intelligence ouverte, un esprit vif et net. Ces dons naturels ne dispensent néanmoins aucun de ceux qui les possèdent de les entretenir et de les développer par la culture. Les familles bourgeoises le savent, surtout les plus pauvres; elles connaissent le prix du travail et veulent d'ordinaire que leurs enfants soient instruits. Chaque année, de nombreux établissements d'instruction publique, libres ou fondés par l'État, distribuent à des milliers d'élèves les éléments de la science. Quelques réserves qu'on soit tenté de faire sur le mode d'éducation de la jeunesse française, on ne niera point qu'elle ne se livre au travail avec une louable émulation. Elle se dispute énergiquement le petit nombre de places que nos grandes écoles mettent au concours, elle poursuit sans relâche les différents diplômes qui donnent accès aux fonctions publiques ou qui servent de passeport dans l'industrie. L'encombrement de toutes les professions témoigne assez de l'ardeur avec laquelle on s'y porte et des efforts que font les jeunes gens pour se frayer un chemin au milieu de la foule. Jamais, à aucune époque de notre histoire, l'activité n'a été plus générale, ni la concurrence en toutes choses plus sérieuse qu'aujourd'hui. Le lieu du combat ressemble à un champ de courses où chacun cherche à atteindre le but plus tôt que son voisin. Les concurrents partent sur la même ligne, quelques-uns tombent en route, les autres continuent, et, parmi ceux qui restent, c'est à qui touchera le premier le bout de sa carrière. On les voit en rangs serrés, haletants, se surveiller du regard, épier sur chaque physionomie le moindre signe de défaillance, profiter de la moindre faute de l'adversaire, et poursuivre activement la lutte jusqu'à l'instant décisif où l'un d'eux, se détachant du groupe, franchit tout à coup l'espace qui le séparait de la victoire. Ils ne comptent ni la peine ni les obstacles, et vont droit devant eux avec une infatigable ambition.

. . . .

A. MÉZIÈRES, la Société française

LE SOLDAT FRANÇAIS — LE ZOUAVE

Voyez les approches du bivouac ; quelques hommes sortent des rangs et courent à la source voisine pour remplir les bidons d'escouade avant que l'eau ait été troublée par le piétinement des chevaux et des mulets. Les fagots ont été faits d'avance et surmontent déjà les sacs. La halte sonne, le bataillon s'arrête et s'aligne sur la position qui lui est assignée ; la compagnie de grand'garde est seule en avant. Tandis que les officiers supérieurs vont placer les postes eux-mêmes, les faisceaux se forment sur le front de bandière, les petites tentes se dressent, les feux s'allument comme par enchantement. Les corvées vont à la distribution des vivres, des cartouches ; les hommes de cuisine sont à l'œuvre, d'autres coupent du bois, car il en faut faire provision pour la nuit ; d'autres fourbissent leurs armes ; d'autres encore réparent leurs effets avec cette inévitable trousse du soldat français, qui d'abord faisait sourire, dit-on, nos alliés en Crimée.

Cependant la soupe a été vite faite ; on n'y a pas mis la viande de distribution, destinée à bouillir toute la nuit pour ne figurer qu'au repos de la diane. La soupe du soir se fait avec des oignons, du lard, un peu de pain blanc, s'il en reste, ou, si l'ordinaire est à sec, elle se fait au café, c'est-à-dire que le café liquide est rempli de poussière de biscuit et transformé en une sorte de pâte qui ne serait peut-être pas du goût de tout le monde, mais qui est tonique et nourrissante ; ou bien encore le chasseur, le pêcheur de l'escouade, ont pourvu la gamelle, qui d'un lièvre, qui d'une tortue, qui d'une brochette de poissons ; nous ne parlons pas de certains mets succulents savourés parfois en cachette, une poule, un chevreau, dont l'origine n'est pas toujours orthodoxe. La soupe est mangée ; on a fumé la dernière pipe, chanté le joyeux refrain. Tandis que les camarades de tente s'endorment entre leurs deux *couvertes*, la grand'garde change de place en silence, car sa position aurait pu être reconnue. Le factionnaire qu'on voyait en haut de cette colline a disparu ; mais suivez l'officier de garde dans sa route, et, malgré l'obscurité, il vous fera distinguer sur la pente même de cette colline un zouave couché à plat ventre tout près du sommet qui le cache, l'œil au guet, le doigt sur la détente. Un feu est allumé au milieu de ce sentier qui traverse un bois. Cependant le maraudeur, l'ennemi qui s'approche du camp pour tenter un vol ou une surprise, s'éloigne avec précaution de cette flamme autour de laquelle il suppose les Français endormis ; il se jette dans le bois, et il y tombe sous les baïonnettes des zouaves embusqués, qui le frappent sans bruit, afin de ne pas fermer le piége et de ne pas signaler leur présence aux compagnons de leur victime.

. . . .

LE DUC D'AUMALE.

POPULATIONS DIVERSES DE LA FRANCE (TRAITS COMPARATIFS

C'est dans les grandes villes, surtout à Paris, que se montre le Français par excellence, car c'est là que viennent chercher un refuge ceux qui se distinguent par une originalité réelle, ceux que l'air trop enfermé des petites villes finirait par étouffer. Dans la cité commune à tous, se rencontrent et s'influencent mutuellement les provinciaux de toutes les parties de la France : les méridionaux de Provence ou de Gascogne, bavards, agiles, toujours en mouvement ; les hommes des plateaux, âpres au travail et lents à l'amitié ; les gens de la Loire, à l'œil vif, à l'intelligence lucide, au tempérament si bien pondéré ; les Bretons mélancoliques, vivant parfois comme dans un rêve, mais soutenus dans la vie réelle par la plus tenace volonté ; les Normands à la parole lente, au regard scrutateur, prudents et mesurés dans leur conduite ; les Lorrains, Vosgiens, Francs-Comtois, ardents à la colère, prompts à l'entreprise. Tous ces Français de provenances diverses, réunis dans une grande ville comme en un lieu de rendez-vous commun, s'influencent mutuellement ; leurs traits distincts prennent un air de famille ; de leurs qualités et de leurs défauts s'est constitué, comme une résultante, le caractère général du peuple français.

Élisée Reclus, *Nouvelle Géographie universelle.*

Champagne. — Dans cette naïve et maligne Champagne, dans cette zone vineuse et littéraire, l'esprit a toujours gagné en netteté, en sobriété. Nous y avons distingué trois degrés : la fougue et l'ivresse spirituelle du Midi ; l'éloquence et la rhétorique bourguignonnes, la grâce et l'ironie champenoises. C'est le dernier fruit de la France et le plus délicat.

Normandie. — Le Lorrain et le Dauphinois ne peuvent rivaliser avec le Normand pour l'esprit processif. L'esprit breton, plus dur, plus négatif, est moins avide et moins absorbant. La Bretagne est la résistance, la Normandie la conquête ; aujourd'hui, conquête sur la nature, agriculture, industrialisme. Ce génie ambitieux et conquérant se produit d'ordinaire par la ténacité, souvent par l'audace et l'élan ; et l'élan va parfois au sublime : témoin tant d'héroïques marins, témoin le grand Corneille.

Bretagne. — Le génie de la Bretagne est un génie d'indomptable résistance et d'opposition intrépide, opiniâtre, aveugle..... Aujourd'hui la résistance expire, la Bretagne devient peu à peu toute France. Le vieil idiome, miné par l'infiltration continuelle de la langue française, recule peu à peu. Le génie de l'improvisation poétique qui a subsisté si longtemps chez les Celtes d'Irlande et d'Écosse, qui chez nos Bretons mêmes n'est pas tout à fait éteint, devient pourtant une singularité rare.

Bourgogne. — La Bourgogne semble avoir encore quelque chose des Burgundes; la séve enivrante de Beaune et de Mâcon trouble comme celle du Rhin. L'éloquence bourguignonne tient de la rhétorique. L'exubérante beauté des femmes de Vermanton et d'Auxerre n'exprime pas mal cette littérature et l'ampleur de ses formes. La chair et le sang dominent ici, l'enflure aussi, et la sentimentalité vulgaire.

Auvergne. — Pays froid sous un ciel déjà méridional, où l'on gèle sur les laves. Aussi, dans les montagnes, la population reste l'hiver presque toujours blottie dans les étables, entourée d'une chaude et lourde atmosphère. Chargée, comme les Limousins, de je ne sais combien d'habits épais et pesants, on dirait une race méridionale grelottant au vent du nord, et comme resserrée, durcie, sous ce ciel étranger. Vin grossier, fromage amer, comme l'herbe rude d'où il vient. Ils vendent aussi leurs laves, leurs pierres ponces, leurs pierreries communes, leurs fruits communs, qui descendent de l'Allier par bateau. Le rouge, la couleur barbare par excellence, est celle qu'ils préfèrent; ils aiment le gros vin rouge, le bétail rouge. Ils ont beau émigrer tous les ans des montagnes, ils rapportent quelque argent, mais peu d'idées; et pourtant il y a une force réelle dans les hommes de cette race, une séve amère, acerbe peut-être, mais vivace comme l'herbe du Cantal.

Provence. — Le génie de la basse Provence est violent, bruyant, barbare, mais non sans grâce. L'esprit d'égalité ne peut surprendre dans un pays de républiques, au milieu de cités grecques et de municipes romains. Dans les campagnes mêmes, le servage n'a jamais pesé comme dans le reste de la France; les paysans étaient leurs propres libérateurs et les vainqueurs des Maures; eux seuls pouvaient cultiver la colline abrupte et resserrer le lit du torrent. Il fallait contre une telle nature des mains libres, intelligentes... C'est le pays des beaux parleurs, abondants, passionnés (au moins pour la parole), et, quand ils veulent, artisans obstinés du langage.

Michelet, Histoire de France.

L'ENFANT DE PARIS

Paris a un enfant, et la forêt a un oiseau; l'oiseau s'appelle le moineau, l'enfant s'appelle le gamin.

Accouplez ces deux idées qui contiennent, l'une toute la fournaise, l'autre toute l'aurore, choquez ces étincelles, Paris, l'enfance; il en jaillit un petit être. *Homuncio*, dirait Plaute.

Ce petit être est joyeux. Il ne mange pas tous les jours, et il va au spectacle, si bon lui semble, tous les soirs. Il n'a pas de chemise sur le corps, pas de souliers aux pieds, pas de toit sur la tête; il est comme les mouches du ciel, qui n'ont rien de tout cela.....

Victor Hugo, les Misérables.

LE PARISIEN

Pas plus que les autres hommes, le Parisien n'est parfait; la civilisation et les passions aidant, Paris est la *cloaca maxima* du monde; c'est une sorte de rendez-vous universel, et ceux qui ont le plus profité de la facilité de nos mœurs, sont ceux qui nous ont le plus calomniés. Ç'a été la mode, parmi les nations étrangères, après les désastres de 1871, de crier à la corruption de la

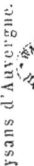

Paysans d'Auvergne.

« Babylone moderne » et de voir un châtiment dans nos défaites. Rhétorique et lieux communs, qui n'ont même pas le mérite de la nouveauté ; car, en 1815, le duc de Wellington se vantait de venir nous apprendre « la monarchie ».

Le Parisien n'ignore pas les médisances dont il est l'objet ; il en lève un peu les épaules : comme il sait aussi que les plaisirs attirent les étrangers, et que les étrangers lui apportent de l'argent, il en prend son parti, multiplie les lieux d'amusement, s'enrichit, et, semblable au chien qui mange le dîner de son maître, il prend la part du gâteau ; il s'amuse lui-même tant qu'il peut, avec la frivolité de son caractère naturel. Les événements les plus douloureux, ceux dont les conséquences prolongées peuvent avoir une influence directe sur ses destinées, ne le détournent pas de cette recherche du plaisir.

Toutes les fois qu'il y a quelque part des uniformes à voir, des toilettes à regarder, le Parisien y court ; il ne manque pas une revue, et il va aux courses, quoiqu'il n'y comprenne rien : les chevaux ne l'intéressent guère, mais il s'y rend pour faire comme « tout Paris » ; il tâche même de s'approprier quelques termes du jargon dont il est de bon ton de parler en ces endroits, car il paraît que la langue française, si riche, si simple, si précise, ne suffit pas pour exprimer les rapports de l'homme et du cheval. Les plaisirs sérieux, ceux qui s'adressent directement à l'esprit, le laissent absolument froid ; les conférences, les lectures, qui ont tant de succès et rendent de réels services en Angleterre et en Allemagne, n'ont jamais pu s'acclimater chez nous ; tous les efforts que l'on a tentés pour les faire adopter par la population parisienne ont échoué, ou peu s'en faut.

C'est en cela, pour qui l'a impartialement étudié, que consiste la démoralisation du Parisien. Il est bruyant, extérieur, empressé dans ses plaisirs, mais les mœurs de Paris ne sont ni pires ni meilleures que celles des autres grandes agglomérations humaines ; il n'est pas plus juste de lui en faire un crime qu'il n'est juste de lui reprocher l'extravagance de ses modes, car, dès qu'il a inventé quelque accoutrement ridicule, le monde entier l'accepte immédiatement. Les usages les plus baroques s'imposent avec une facilité inexplicable.

Paris est passé maître en l'art de faire varier la mode, qui lui vaut une bonne partie de sa fortune; ses ouvriers excellent à vendre et à vendre fort cher ces riens risibles que l'on appelle des formes. Une étoffe de 200 francs en vaut 1200 quand elle sort façonnée de chez le bon faiseur. Lorsque l'on donne un bal important à Saint-Pétersbourg, à Moscou, à Londres, Paris en sait quelque chose, et les layetiers ne suffisent pas à emballer les chiffons, les fleurs, les plumes, qui coûtent beaucoup plus que leur pesant d'or. Les idées françaises se sont, pendant longtemps, glissées sous les falbalas et ont troublé bien des têtes. Un des plus implacables adversaires que la France et Paris spécialement aient rencontrés, le comte Rostopchine, le même qui brûla Moscou, ne peut s'en taire : « J'ai reconnu en cette ville la maîtresse de l'Europe, car, on a beau dire, tant que la bonne compagnie parlera français, que les femmes aimeront les modes, que la bonne chère fera les délices de la vie, que l'on aimera les spectacles, Paris influera toujours sur les autres pays. Il est certain qu'aucune ville du monde ne possède une aussi grande quantité d'hommes instruits, savants et estimables. »

La badauderie du Parisien est sans pareille : un régiment passe, tout le monde le suit; une voiture verse, tout le monde s'arrête; pendant le siége, il a été de mode d'aller voir tomber les obus, et tout le monde y courait. Au mois d'avril 1871, Paris était lamentable; on se promenait mélancoliquement dans les Champs-Élysées, et, faute de mieux, on regardait Polichinelle et le commissaire se battre sur le théâtre de Guignol; un projectile, évitant l'Arc de triomphe, éclatait dans l'avenue, chacun s'y précipitait et revenait tranquillement écouter les lazzi du fantoche.

Le Parisien est atteint d'une servilité intellectuelle qui pourrait bien être une maladie engendrée par son incurable paresse pour tout ce qui touche aux choses de l'esprit; les étrangers s'y trompent. Parce qu'il est bavard, ironique, expansif, on croit qu'il a un esprit d'initiative très-développé et des hardiesses de conception très-actives; erreur : en art, en politique, en littérature, en médecine, il se traîne dans les ornières dont il a peur de sortir.

Le Parisien aime la bataille, et, comme le cheval de Job, il tressaille au son des trompettes. Très-vantard, du reste, intrépide dans le succès, il est accablé par la défaite et perd toute énergie. Certes, le peuple de Paris est un grand peuple. Il est intelligent, laborieux, économe, un peu trop amoureux de l'inconnu, aimant les grandes choses et cherchant à s'y associer, mais il a bien peu de sens commun. Il a pour lui l'esprit, l'ironie, la compréhension facile, le génie du perfectionnement matériel, l'élégance du travail, mais il est myope quand il regarde vers l'avenir, il est aveugle lorsqu'il se tourne vers le passé, il est sourd dès qu'il interroge l'Histoire; il ne raisonne pas, il sent; il ne discute pas, il s'emporte. C'est une agrégation nerveuse gouvernée par des impressions.

Maxime Du Camp, *Paris*.

ALSACIENS-LORRAINS

La population de l'Alsace-Lorraine est une forte race : la plupart des hommes y sont d'une taille supérieure à la moyenne, et le nombre des infirmes y est moindre qu'en France; c'est là ce que prouvent les registres de la conscription. Aussi Alsaciens et Lorrains sont-ils fort appréciés dans les armées, non-seulement, il est vrai, à cause de leur solidité physique, mais aussi à cause de leur courage et de la facilité qu'ils ont à se plier à la discipline. En France, ils étaient toujours sous les drapeaux en plus grand nombre proportionnel que les hommes des autres provinces. Ils ont donné aux armées de la République et du premier Empire quelques-uns de leurs généraux les plus célèbres, et leurs vieux soldats se voient partout comme douaniers ou gendarmes. Mais les habitants de l'Alsace-Lorraine se distinguent également dans les arts de la paix : ce sont les intermédiaires naturels du commerce, de l'industrie et des sciences entre la France et l'Allemagne. Metz et Strasbourg, surtout cette dernière, ont été de tout temps de grands lieux de passage, plus utiles encore pour l'échange des idées que pour celui des marchandises. L'Alsace se prête d'autant mieux à ce rôle d'interprète entre les deux nations, qu'une très-forte proportion des habitants, et dans les villes la grande majorité, connaissent et parlent les deux langues. Le niveau moyen de l'instruction y est relativement fort élevé.

ÉLISÉE RECLUS, *Nouvelle Géographie universelle.*

LES LORRAINS

De même que les Gaëls, après un séjour de neuf siècles dans la Gaule, en étaient venus à différer par tous les caractères ethniques de leurs frères, les Kymris; de même la race germanique se métamorphosa sous des influences locales pour devenir lorraine.

Le Lorrain, sous Richelieu, était confiné dans un pays boisé, fortement accidenté, soumis aux vicissitudes d'une rigoureuse température alpestre, exposé à de fréquentes inondations, et, pour cette raison, en beaucoup de points humide et marécageux; la race en était rude, robuste, énergique, et, comparée à celles qui habitaient la France, formait une famille à part.

Chaque terrain portait ou nourrissait sa variété d'habitants.
Depuis plus de soixante ans qu'un triste niveau pèse sur le

Alsaciens-Lorrains.

monde entier, une grande perturbation apportée dans les races a fait perdre au Lorrain son caractère distinctif; il ressemble aujourd'hui à tous les autres Français : cette uniformité singulière est également représentée par le déboisement, les défrichements, l'assainissement du sol, par la disparition des animaux farouches, et enfin par l'amoindrissement des races domestiques, qui n'offrent qu'un mélange sans vigueur et sans caractère.

E. A. ANCELON,
Mémoire sur l'origine des populations lorraines.

L'HABITANT DES FORÊTS DE L'ARDENNE

Dans les vieilles forêts des Ardennes vit encore une race à demi sauvage; tous sont bûcherons. Ils connaissent à peine le pain; un quartier de lard, des pommes de terre, du lait, font leur nourriture. J'ai passé la nuit dans des chaumières qui n'avaient point de fenêtres; le jour venait et la fumée sortait par une large cheminée où séchaient les viandes. Les enfants ne parlaient pas français; encore leur patois inintelligible ne leur servait guère; ils couraient tout le jour comme des poulains lâchés, ramassaient des champignons, des faînes; leur plus grande affaire était de garder les vaches. A douze ans, on leur mettait une hachette entre les mains et ils ébranchaient les troncs coupés; devenus grands, ils abattaient les arbres. Vie muette, animale, pleine d'étranges rêves, féconde en légendes. C'est qu'aux diverses heures du jour et de la nuit la grande forêt a des joies et des menaces inexprimables; il faut la voir dans la vapeur, pendant les semaines de pluie, ruisselante, morne, hostile, quand les chênes tranchés par la hache gisent saignants comme des cadavres, et que l'universel bruissement des feuilles fait rouler autour d'eux une lamentation infinie; mais il faut la voir aussi riante, parée comme une belle fille, quand le matin le soleil oblique glisse des flèches entre ses troncs, s'étale en nappes lumineuses sur ses feuillages et met des aigrettes de diamant à la cime de toutes ses herbes....

TAINE, *Introduction* aux *Ardennes illustrées* de MONTAGNAC.

LE VIGNERON FRANÇAIS

Allons, en route! loin, loin! de l'air pur, des sabots, et de la terre par-dessus les sabots! en Champagne! en Bourgogne! dans tous les pays où le soleil fait mûrir la grappe, où le pressoir fait ruisseler le vin!

Ce n'est plus, cette fois, la verdure étiolée, les fleurs blanchies de plâtre, les parodies champêtres dont la banlieue borde Paris : c'est de la belle et bonne campagne, en pleine province, à soixante, quatre-vingts lieues de la capitale, avec des mœurs et des habitudes toutes différentes, et au milieu de bonnes gens, paysans simples, ouverts et pleins de franchise, et qui la plupart n'ont, de leur vivant, quitté leur village que pour aller au marché de la ville voisine.

Laissez un peu de côté les douceurs de votre vie molle, nous avons là-bas une vie active à mener; oubliez les gants glacés, les parfums pour les cheveux, nous n'avons à presser que des mains calleuses, et ce sont de gros bonnets de laine qui nous salueront; revêtez, pour mieux faire, le pantalon de toile, la blouse au tissu rugueux, et surtout dites adieu à vos longs sommeils du matin, car nous allons suivre nos vignerons, et nos vignerons se lèvent l'hiver avant le brouillard, l'été avant la rosée. Nous n'allons pas seulement faire une promenade près d'eux, les examiner un jour en passant; mais nous allons nous y installer, y prendre nos coudées franches, aiguiser comme eux la pioche et la serpette; nous allons tailler la vigne et vendanger.....

François Fertiault.

LE LOUP DE MER (TYPE DU MARIN DUNKERQUOIS)

Une vareuse de flanelle rouge, ample et chaude, couvre son torse, ses épaules et ses bras, et disparaît dans une culotte courte de gros drap bleu qui s'attache sous le genou. Sur cette vareuse, ainsi que sur la culotte, sont adaptés de véritables cuissards et des brassards de cuir noir qui rappellent les armures bourgeoises des anciens Flamands.

La tête est recouverte du fameux soroë de toile goudronnée, dont le bord, plus large par derrière que par devant, abrite la nuque contre la pluie et les éclaboussures de la lame; des oreillères attachées sous le menton achèvent d'encadrer hermétiquement un visage que je vous recommande tout particulièrement.

Où trouverez-vous, en effet, une plus parfaite personnification de la santé, de la vigueur, du triomphe de la vie sur la destruction? Regardez cette bonne face chaudement colorée par le hâle, ce soleil du Nord, animée par les deux yeux bleus quelque peu égrillards de la race saxonne; regardez cette bouche un peu trop lippue pour n'être pas sensuelle et franche; regardez enfin ces deux bonnes grosses joues, et dites-moi s'il existe un souci capable de jaunir et amaigrir tout cela. L'une de ces joues, pourtant, est notablement déformée par une grosseur insolite, enflure évidemment occasionnée par quelque accident: pauvres marins! elle n'enlève rien, d'ailleurs, à la placidité de ce bon visage. Continuons notre examen.

Une épaisse cravate de laine tricotée fait deux fois le tour du cou, probablement dans le but de combattre les causes de l'affreuse enflure de la joue gauche; puis ses deux bouts vont se cacher sous la vareuse et, en se croisant sur la poitrine, contribuent à la préserver du froid.

Ses mains sont enfoncées dans d'énormes gants de laine monodactyles qui ont pour mission de leur conserver un peu de chaleur lorsqu'il devra, pendant toute la sainte journée, saisir et héler à bord sa ligne de pêche mouillée par l'eau glaciale de la mer du Nord.

Ses chaussures ne sont pas la partie la moins intéressante de son costume; elles viennent compléter ses armes défensives contre l'eau et le froid: ce sont des bottes énormes, dont les tiges montent jusqu'au haut des cuisses et sont attachées à cette hauteur soit par une coulisse qui les serre, soit par des tirants qui s'attachent à la ceinture; des semelles, épaisses de deux doigts, ajoutent encore à la taille du marin, qui, sans elles, dépasse généralement la moyenne. Cette formidable chaussure complète le blindage cuir et laine qui ne le préservera pourtant qu'imparfaitement contre les attaques de la bise et de l'eau. — Quel gaillard! Mais aussi quelles bottes! Si d'aventure il vous marche sur le pied, vous me direz ce que vous en pensez. Surtout, pas d'amour-propre en cette occurrence, pas de vivacité, rengaînez la susceptibilité parisienne, je vous le conseille en ami. Ceci ne veut pas dire pour cela que mon Islandais soit un chercheur de querelles, un matador ne rêvant que plaies et bosses, comme pourrait vous le faire supposer, peut-être, l'horrible tuméfaction de sa joue....
— c'est au contraire, l'homme le plus pacifique du monde: il ne donnerait pas une croquignole à une mouche.

Martial Deherrypon,
la Boutique de la marchande de poissons.

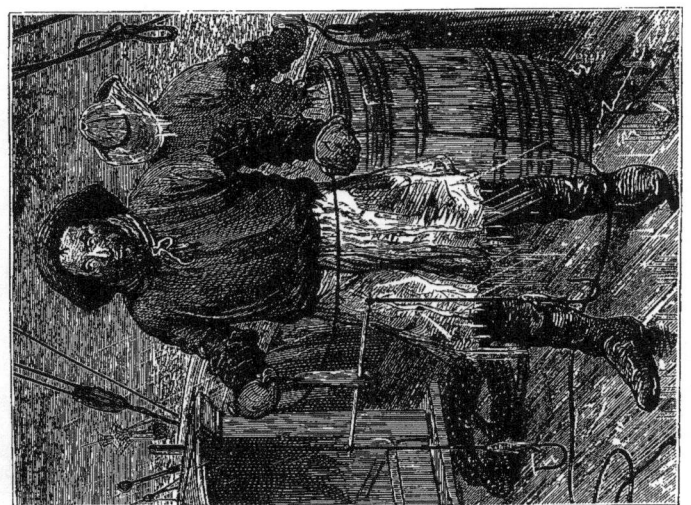

Marins dunkerquois.

L'ESPRIT NORMAND

Il y a longtemps que le caractère des Normands est exposé aux attaques d'une jalousie mal déguisée. Le trait qui domine chez ce peuple et qu'on lui a le plus reproché, c'est l'amour du gain. On le retrouve à toutes les époques et sous toutes les formes. Au moyen âge, on ne *gaignait* que par l'épée : alors les Normands se firent conquérants. Quelquefois ils cachaient la cotte de mailles du guerrier sous la robe du pèlerin, comme les premiers Normands, qui se signalèrent en Italie. Plus tard, ils se firent légistes, avocats, procureurs; ils commentèrent la Coutume, subtilisèrent le droit déjà si subtil des anciennes lois; enfin, l'industrie et le commerce étant devenus la principale source de la richesse et de la puissance, les Normands sont devenus industriels et commerçants. Sous les formes diverses, le fond est resté le même. Le Normand ne poursuit pas un but idéal ; il ne se laisse pas entraîner par la beauté de l'art dans sa pure essence ; il est rarement dominé par sa passion. L'esprit positif, qu'on a appelé la *sapience*, le préserve de ces écarts ; il tend au *gain* avec résolution, avec persévérance, trop souvent sans s'inquiéter des moyens. De cette âpreté dérivent les traits principaux du caractère normand : la ruse domine. Voyez le paysan normand débattre un marché, vanter les qualités de sa denrée, étourdir son adversaire de bizarres raisonnements ; il est subtil, madré, retors ; il s'anime, il déploie une véritable éloquence. Les anciens historiens de l'Italie disent, en parlant des Normands qui conquirent ce pays, que, chez eux, tous, jusqu'aux petits enfants, étaient éloquents et parlaient comme des orateurs. L'esprit processif est encore une conséquence de la passion de *gaigner*, et l'on remarque qu'il domine surtout là où le caractère a conservé toute son énergie, en basse Normandie. Enfin, la méfiance naît de l'astuce même.....

A. Chéruel, *Histoire des villes de France*.

LA POPULATION HAVRAISE

La population havraise, qui compte à l'heure présente environ quatre-vingt-cinq mille âmes, se renouvelle partiellement tous les dix ou vingt ans. Les Havrais du cru sont en minorité. La ville est le rendez-vous, nous ne dirons pas de toutes les ambitions, bien qu'il y ait là, comme ailleurs, des ambitions de clocher, mais de tous les affamés de fortune. On y accourt pour s'enrichir. L'espace de quinze ou vingt années suffit pour cela ou.... pour se ruiner. Il y en a beaucoup de disparues de ces maisons commerciales étayées, il y a plusieurs années, sur de bons et solides millions. Quelques autres, venus comme simples commis à 1800 francs, sont repartis millionnaires : ceux-là ont bien fait, puisqu'ils avaient atteint le but de leurs rêves. Car, au Havre, la fièvre de l'or est telle, que l'inaction semble impossible du jour où l'on a fait partie du monde que l'on appelle le monde des affaires, et la ville en entier se résume dans ce monde-là. Monde sec, cassant, à idées larges lorsqu'il s'agit de spéculation, mais à esprit d'un positivisme absolu, s'estimant au-dessus de tous les autres mortels, qu'ils aient couronne fermée ou qu'ils aient écrit les *Provinciales*. L'aristocratie du dollar, qui se valide à elle-même ses parchemins sur papier de facture, ne manque pas de cette morgue tant reprochée aux hobereaux de province.

La société havraise, d'un accès assez difficile, est très-fastueuse dans ses réceptions. Dans les années où la spéculation n'a pas trompé l'attente des spéculateurs, les fêtes, fêtes luxueuses et bien comprises, se succèdent à l'envi. C'est à qui, des notables commerçants, rivalisera d'opulence ; alors l'air de Paris arrive jusqu'en ces villas et en ces hôtels que Mercure subventionne. Si les Havrais gagnent l'argent facilement, ils le dépensent de même, et les appels à la charité sont toujours entendus. On constate même un certain faste dans les aumônes.

La vie anglaise a déteint sur cette population constamment en rapport, par ses intérêts, avec les îles Britanniques. Les affaires s'y traitent vivement et grandement. Si le Havre n'envie pas le titre de nouvelle Athènes, il est fier d'être appelé le Liverpool français.

Charles Diguet, *Tour de France*.

LE PAYSAN DE LA VALLÉE D'AUGE

Nous nous approchons enfin de cette belle vallée d'Auge qui s'ouvre à nous. Ah! représentez-vous, au milieu du cristal des rivières, un large tapis vert de trente ou quarante lieues carrées; représentez-vous ce beau tapis divisé en vastes compartiments par des haies entremêlées de merisiers. Voyez-le, tout planté de pommiers en fleur; voyez ici des groupes de maisons construites en blanc torchis, couvertes d'un chaume vermeil proprement taillé, offrant toutes des portes et des fenêtres encadrées de briques rouges. Voyez de nombreux troupeaux de vaches qui portent tant de seaux de lait dans leurs mamelles. Ces fermes recouvrent des laiteries souterraines où se manipulent ces rouges fromages de Livarot, ces pains de trente, quarante, cinquante livres de ce délicieux beurre d'Isigny, qui fond en approchant de la bouche. Voyez plus loin, à l'extrémité de ces grands herbages, de longs hangars où se retirent la nuit de nombreux troupeaux de jeunes chevaux, de jeunes bœufs, vivant dans la liberté, l'abondance de la nature. Voyez-vous, en même temps, ces joyeux essaims de jeunes bergers, de jeunes nourrisseurs, de fraîches laitières, de fraîches fromagères, sous l'administration patriarcale de ces bons fermiers herbagers qui donnent leurs ordres au milieu des chants de la joie, au milieu de la richesse générale? Car là des ruisseaux de lait font couler des ruisseaux d'or, que viennent grossir la vente de forts chevaux, la vente des énormes bœufs, dont tel parc, je cite celui de Saint-Léonard, en renferme jusqu'à trois cents têtes, qu'on ne vous donnerait peut-être pas pour deux cent mille francs. Mais sans doute vous voulez savoir ce qui produit la magie de l'engraissage de cette grande armée de bœufs gras, arrivés si maigres du Limousin ou du Poitou? Le voici. Au printemps, plantureux pâturages et forte ration de farine de grains mélangés; en automne, plantureux pâturages de regains, même farine même ration.

Monteil, le Dix-huitième siècle.

BRETONS ET NORMANDS — DÉPART POUR LA PÊCHE DE LA MORUE

Dans les ports qui expédient de nombreux navires, le départ a lieu à la même heure, et offre un spectacle solennel que les curieux viennent contempler de loin. Les matelots accourent d'un pas ferme, comme il convient à des gens résolus, plus préoccupés du succès qui les attend que des soucis qu'ils laissent après eux. Ils sont suivis jusqu'au pont du navire par les mères, les épouses et les filles, qui marchent, non pas éplorées, avec des cris et des larmes indignes de leur mâle courage, mais tristes et gravement recueillies, se demandant avec anxiété si la mer n'engloutira pas encore cette fois quelques victimes comme les années précédentes, et le souvenir des sinistres les plus récents émeut toutes ces âmes qui affectent la confiance. Chaque femme, pour protéger la vie qui lui est chère, a allumé un cierge qui brûle devant l'autel de la Vierge, patronne des marins, et une quête sera faite entre les familles pour faire dire des messes à l'intention des absents. Au signal donné, la flottille s'avance vers le large, portée sur le jusant de la marée, et les regards, les adieux, les bénédictions du cœur et de la main suivent jusqu'au bout de l'horizon ces

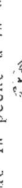

Retour de la pêche à la morue.

navires qui déploient au vent leurs blanches voiles, trois-mâts, bricks, goëlettes, rivalisant d'ardeur pour fendre les flots de leur proue à la fois amincie et renforcée.

La traversée est longue, car huit cents lieues de mer séparent la France de Terre-Neuve. Elle est pénible. La prière du soir, chantée en commun, fortifie les cœurs à la fin des rudes journées de manœuvres. Quatre semaines environ après le départ, si l'on a échappé aux glaces et aux tempêtes, un air plus tiède et les traînées écumeuses des brisants annoncent l'approche des terres. Une atmosphère chargée de brouillards entoure les navires et retiendrait à distance les nouveaux venus; mais les vétérans savent qu'entre les brumes du large et la côte se trouve souvent une zone lumineuse bien dégagée; ils s'avancent sans crainte, et, suivant leur destination, arrivent à Saint-Pierre ou à Terre-Neuve.

Jules Duval, les Colonies.

BRETONS

Race croyante, fidèle, chrétienne. Au carrefour de toute forêt, à l'angle de tout chemin, à l'entrée de tout village, s'élève la croix sainte, et, autour du signe de la rédemption, qu'il ne passe jamais sans le saluer avec respect, le Breton s'agenouille et prie, son rosaire à la main.

Jules Janin, la Bretagne.

NOCE DANS LA BRETAGNE D'AUTREFOIS

La demande en mariage. — ... L'isolement des fermes de la Bretagne, l'humeur casanière des habitants et le peu d'occasions qu'ils trouvent de se réunir rendraient les mariages souvent difficiles, si l'usage n'y avait établi une sorte d'entremetteur spécialement chargé de ce genre d'affaires. Cet entremetteur n'est autre que le tailleur, qui, courant de métairie en métairie, connaît toutes les filles et tous les garçons à marier mieux que le recteur lui-même.....

Si le jeune homme est agréé, au jour convenu le tailleur, portant à la main une baguette blanche et chaussé d'un bas rouge et d'un bas violet, le leur amène accompagné de son plus proche parent. Cette démarche s'appelle *demande à la parole*....

Le jour du mariage venu, le tailleur, dont les fonctions ont changé de nature et qui n'est plus désigné que sous le nom de *rimeur*, se présente accompagné du futur et de ses parents. Il commence par une apostrophe emphatique à la demeure qu'habite la jeune fille, puis il demande que celle-ci soit amenée à son fiancé; la famille, ou un *rimeur* chargé de parler en son nom, refuse d'abord. Une lutte de politesses entremêlées de railleries et de maximes morales s'engage; enfin les parents semblent céder : ils amènent une vieille !

« Au front vénérable de cette femme, je juge qu'elle a bien rempli sa tâche dans ce monde, dit le rimeur; mais elle a terminé ce que l'autre doit commencer: ce n'est pas elle que je veux... »

On lui présente une jeune femme, puis un enfant... Enfin on fait paraître la fiancée et il s'écrie : « N'en amenez point d'autres, car voici celle que nous cherchons ! » Alors les deux familles se mêlent et entrent ensemble dans la maison. Le rimeur adresse quelques graves conseils aux futurs et prononce un *De profundis* pour les morts du logis.....

Bretons.

Le repas. — Ce n'est point ici un de ces repas prodigieux où les invités, au nombre de plusieurs centaines, couvrent des champs entiers : l'hiver n'a pas permis cette assemblée sous le ciel. Et c'est dans la ferme, à côté du foyer, où se trouve le vieux fauteuil du père, sous le *vaissellier* où brillent les vases colorés, c'est devant l'image grossière de Marie, ornée de bouquets, que la table a été dressée pour les deux familles.

Placée près de sa patronne, la mariée écoute, heureuse et timide, les douces paroles que le *plus aimé* murmure à demi voix. Le repas touche à sa fin, et les deux garçons d'honneur se sont levés. L'un tient le plat recouvert d'une serviette sur lequel doivent être déposées les offrandes des invités ; l'autre remplit un verre pour boire, après chaque largesse, à la santé du donateur.

Car tel est l'usage touchant établi par les aïeux ! Tout travailleur doit apporter son présent aux jeunes gens qui viennent de s'unir pour essayer ensemble la vie sans autre fortune que leur jeunesse. A défaut d'argent, le fermier offre quelques produits de ses champs, un peu de lin, de blé, de beurre ou de miel. Telle est la dot des jeunes gens ; c'est l'avance que la communauté chrétienne fait à un frère et à une sœur pour qu'ils puissent se ranger à leur humble place dans le monde.

ÉMILE SOUVESTRE, *la Bretagne pittoresque.*

UNE NOCE VENDÉENNE

Les sons aigres et le sourd murmure de la *vèze* (musette) annoncent la noce au village, que le ménétrier parcourt en sautant. — Le cortége se rassemble, et la vèze marche en tête pour le conduire à l'église. — La mariée et son père vont les premiers. La mariée est entourée d'une douzaine de ses compagnes, qui, ornées de fleurs et de rubans, lui servent de filles d'honneur ; on la distingue à sa couronne d'immortelles blanches, à sa ceinture virginale blanche aussi, et à son bouquet d'oranger fleuri. Le marié vient ensuite avec ses garçons d'honneur ; les parents et les amis suivent. Une grand'messe précède la cérémonie nuptiale. — Quand l'anneau d'or, symbole d'éternelle alliance, a été donné, au moment où la joie éclate de toutes parts, un son lugubre se fait entendre, on entonne un plaintif *Libera* ; chacun s'agenouille et prie pour les parents et les amis qui ne sont plus !... — La mariée, au moment de sortir, reçoit un baiser fraternel de chacun des assistants. — Puis on la reconduit chez elle par le chemin le plus direct, quelque peu praticable qu'il soit. — C'est, dit-on, un symbole : on veut lui apprendre que la vertu suit toujours la ligne droite. — Arrivée chez son mari, on lui présente du beurre nouvellement battu, du pain et du vin ; les deux époux mangent ensemble, et, pendant leur frugal repas, on allume dans la prairie un feu de joie et l'on fait de fréquentes décharges de mousqueterie. Quand le feu cesse de flamber, la vèze se fait entendre de nouveau et la danse commence. Ce sont des *rondes* immenses, de rapides *courantes* mêlées de bonds prodigieux, et le *pichefrit* national, — danse qui remonte aux anciens *Agésinales*. — Le repas succède à la danse. — Le marié n'y prend pas part, il reste debout pour servir la mariée et les convives.....

Abel Hugo, *France pittoresque*.

ANCIENS USAGES DE LA SOLOGNE

Les habitants de la Sologne (située sur la rive gauche de la Loire), qui vivent dans un pays pauvre, ont conservé beaucoup de leurs anciens usages. Leurs mœurs sont simples et rudes, mais leur naturel est bon et hospitalier ; ils sont laborieux et intelligents, quoique la misère qui règne dans le pays entretienne parmi eux nombre de superstitions ridicules. — La Sologne s'étend sur deux départements; on peut donc considérer ce que nous allons rapporter des usages de ces habitants comme se rattachant également à ceux de Loir-et-Cher et du Loiret.....

Le jour du mariage, chacun des deux époux tient, pendant la cérémonie, un cierge allumé, et l'on croit que celui qui a porté le cierge dont la cire a brûlé plus vite pendant la cérémonie (ce qui se reconnaît à l'inégalité des grandeurs) doit mourir le premier.

On a l'usage de piquer par derrière et jusqu'au sang le marié et la mariée, pendant la célébration de la messe de mariage, afin de savoir lequel des deux sera le plus jaloux.

Les noces sont, pour les Solonais, l'occasion de réunions très-nombreuses; la fête dure plusieurs jours, qui se passent en danses, en jeux et en festins. On y invite non-seulement le maître et la maîtresse de chaque maison voisine, mais les domestiques, les journaliers, les infirmes et même les enfants; chacun des invités peut y faire même convier d'autres personnes.

Le premier jour, après le repas des noces, où des mets grossiers, mais abondants, sont offerts à l'appétit des convives, et où les paysans étalent tout le luxe qui leur est possible, on fait une quête pour les mariés.

Le dernier jour est marqué par une cérémonie assez burlesque. Un pot de grès est placé au bout d'une perche; chacun des conviés, armé d'un bâton, s'avance successivement et les yeux bandés vers le pot, qu'il doit briser d'un seul coup : lorsque le pot est en débris, le vainqueur a le droit d'embrasser la mariée ; s'il n'y réussit pas assez vite, on l'assied sur un trône de feuillages, on lui verse à boire, et chacun feint de trinquer avec lui. Il est ainsi condamné à boire jusqu'à ce qu'il ait touché le verre d'un autre convive qui le remplace et qui est de même remplacé à son tour.

Le premier dimanche qui suit les noces, le sacristain apporte à la mariée une quenouille, qu'elle entoure de lin filé, pour en faire ensuite offrande à l'église.

Abel Hugo, *France pittoresque*.

LES MORVANDEAUX

Les Morvandeaux, hommes et femmes, sont en tout temps chaussés en sabots [1] ; ils les font fabriquer chez eux à bon compte avec un pied de verne ou de bouleau, qu'ils achètent rarement : ils aiment mieux le couper en maraude dans la forêt voisine.

La sobriété des Morvandeaux est extrême.

Le matin, la soupe assaisonnée avec un peu d'huile de navette ou un filet de lard. On n'y emploie pas le beurre, la majeure partie du lait étant réservée pour la nourriture des veaux. A midi, on mange du pain avec des pommes de terre en purée, ou des haricots verts ou secs, ou bien un gâteau de blé noir (sarrasin), ou de la *picoulée*, sorte de bouillie d'avoine. Les plus misérables sont réduits à manger leur morceau de pain sec. Le soir, la soupe encore, et des pommes de terre au naturel et à discrétion.

Avant l'introduction des pommes de terre au Morvan, la vie y était beaucoup plus difficile. La châtaigne entrait certainement dans l'alimentation de ces montagnards. On en peut juger par les charpentes de très-anciennes églises, qui sont de bois de châtaignier, et par les énormes pieds de cette espèce d'arbre qu'on voit encore dans certains endroits, par exemple à la descente de Beuvray, du côté de la Rochemilay. Mais l'introduction des pommes de terre a été un bienfait immense pour le Morvan : dans ce pays surtout, il est vrai de dire que c'est *le pain du pauvre*. Le terrain granitique leur est favorable, et, comme elles y sont d'excellente qualité et très-farineuses, les habitants s'en régalent avec délices ; ils les mangent ordinairement cuites à l'étouffée dans de grandes marmites de fonte, sans sel et sans autre préparation. Quand cette récolte est abondante, le Morvan

---

1. Depuis 1830, époque où ce morceau a été écrit, les habitants du Morvan ont beaucoup perdu de leur rusticité.

est sauvé. La maladie de ce tubercule a été une calamité pour les pauvres et une privation pour tous.

L'unique boisson du peuple est l'eau, qui est partout vive et fraîche, frigidité souvent fatale aux imprudents qui en boivent avec trop d'avidité en voyage ou dans le cours de leurs travaux d'été.

Ils ne boivent de vin qu'au cabaret, en foire, aux apports et dans les noces. Mais, dans ces occasions, bon Dieu ! il faut bien le dire, ils en versent et ils en boivent tant que leurs forces ou leur bourse peuvent y suffire.

Dupin aîné, le Morvan (1re partie).

MINEURS DU CREUZOT

Je demandai un habit de mineur, un marteau, une lampe, et me dirigeai vers un des puits de la houillère. L'ingénieur Zulma, en homme qui aime son métier, était charmé de la métamorphose et me fit les honneurs du gouffre qui devait nous livrer aux noirs domaines souterrains.

Naguère la descente dans un puits de mine était pleine de péripéties. Suspendu au bout du câble, dans une tonne aux douves mal jointes, on allait battant contre les parois, parfois accroché par la tonne montante, craignant une chute de pierre ou d'outil, baigné par l'eau qui suintait de la roche, enfin sujet à mille accidents. « Nous avons changé tout cela », pouvait dire mon ami avec le médecin de Molière. A peine étions-nous arrivés sur la margelle du puits, qu'à un signal du contre-maître, une cage hissée par le câble, qui était mû à son tour par la

Mineur dans un puits de mine.

vapeur, vint se présenter à nous. Nous y entrâmes debout, et la cage descendit en glissant le long de deux guides, énormes poutrelles de bois fixées dans le puits sur toute la hauteur. La cage est munie d'un toit, en guise de parapierre, et ce toit est surmonté d'un mécanisme particulier qu'on nomme parachute. Si le câble vient à se casser, un ressort, jusque-là serré par le câble, se détend; il commande deux fortes griffes d'acier qui entrent dans le bois des guides. La cage reste suspendue dans le puits, et l'on procède au sauvetage. Que de vies d'hommes ont été ainsi préservées! Je ne parle pas de la conservation du matériel, que l'invention des guides et des parachutes a plus que jamais assurée, non plus que de l'accélération du service,

Mineurs descendant dans un puits à l'aide d'une cage.

que les cages guidées et superposées ont rendue possible dans les limites les plus étendues de vitesse et de charge. Comme on le voit, le progrès est partout, dans l'ordre matériel non moins que dans l'ordre moral : le monde marche ! comme l'a dit un penseur.

En quelques minutes, nous avions atteint le fond du puits, distant d'environ quatre cent cinquante mètres de la surface. Sur ce point débouche une large galerie munie d'une voie ferrée. Le long de cette voie roulent les wagons pleins allant vers les cages et les wagons vides se rendant aux tailles. C'est un va-et-vient continuel. Des mules tirent les wagons ; on les fait descendre dans la mine par le puits, attachées au câble, et elles ne quittent plus ce sombre séjour. Elles ont une écurie confortable, sont soignées par des palefreniers, et sont portées au tableau de la mine sous des noms harmonieux et coquets qui rendraient jaloux les chevaux de course eux-mêmes.

L. Simonin,
le Creuzot et les mines de Saône-et-Loire (Tour du monde).

HABITANTS DE SAINT-ÉTIENNE — INDUSTRIE DES RUBANS

La mode, un jour, adopte telle nuance, tel dessin ; — au moment où nous écrivons ces lignes, c'est le satin rouge sang de bœuf qui a toutes ses préférences ; — le lendemain, elle ne peut les souffrir ; huit jours après, elle en raffole de nouveau.

Le fabricant doit être aux aguets pour chercher à surprendre ses fantaisies ou s'ingénier à lui en suggérer. Là est tout le secret pour faire rapidement fortune. Aussi chaque fabricant a-t-il ce que nous pourrons appeler par analogie ses reporters. Ce sont leurs commis les plus intelligents, les plus alertes, qu'ils chargent de cette besogne délicate. Ils les envoient à Paris à la fin de chaque saison. Les reporters vont et viennent dans les grands magasins, chez les tailleurs en renom, chez les modistes du monde élégant. Ils interrogent celui-ci, celle-là, sur les goûts de leurs clients; ils leur soumettent des dessins et des modèles nouveaux. Ils flânent aux vitrines, dans les rues, partout où il y a de la foule, pour chercher quelque chose d'original.

A leur retour, le fabricant, sur leurs indications, prépare son œuvre dans le plus grand secret, et un beau jour, lorsqu'il juge le moment propice, il la lance sur le marché. Le lendemain, il est millionnaire ou à demi ruiné. Il a manqué ou devancé le coche ; son ruban est à la mode ou n'est pas agréé. C'est ce flair, ce don de prescience, d'intuition, qui, avec le bon goût et l'habileté de l'ouvrier, assurent à la fabrication française une supériorité incontestable.

L'Allemagne et la Suisse produisent plus que nous et à meilleur marché pour les articles de qualité inférieure, mais nous sommes toujours les maîtres du marché pour les belles qualités de rubans. La supériorité des fabriques étrangères, sous le rapport de la production à bon marché, tient à une cause toute particulière, l'organisation économique du travail. En Suisse et en Allemagne, le système de la grande manufacture prévaut. A Saint-Étienne, les ateliers où sont réunis de nombreux métiers mus mécaniquement ou à bras d'homme sont l'exception. C'est à peine si, sur les dix-sept mille métiers environ que possède la fabrique stéphanoise, on en compte quinze cents mus par la vapeur ou hydrauliquement. En outre, il y a en Suisse ou en Allemagne proportionnellement huit fois moins de fabricants pour le même nombre de métiers. A Saint-Étienne, les habitudes et les goûts des ouvriers et des patrons sont opposés en général au régime manufacturier. L'ouvrier passementier possède son métier installé dans sa maison, qui, le plus souvent, lui appartient. Il a autour de lui sa famille, qui prend part aux divers travaux que nécessite le tissage des rubans. La femme fait le ménage et les bobines; la jeune fille ourdit, dévide, appareille ou échantillonne; le mari et le fils barrent. L'ouvrier est chez lui ; il préfère, avec raison, cette vie indépendante, malgré les chômages qui peuvent survenir, à la vie de l'usine, peut-être plus sûre, mais plus asservissante ; et, quoique le salaire soit moins élevé, il vit plus économiquement. Dans ses moments de loisir, le dimanche, il cultive le jardinet attenant à la maison, qui fournit à sa cuisine un supplément précieux.

Marius Vachon, Tour de France.

HABITANTS DE LA BASSE AUVERGNE

Le paysan de la plaine est trop souvent rusé, égoïste, jaloux et âpre au gain. Toutefois il est grand travailleur, dur à la fatigue ; ses goûts sont simples et ses mœurs assez pures. L'amour de l'argent et du lucre absorbe en général toutes ses facultés. Si ce n'est le vin qu'ils dégustent trop souvent avec excès, nos paysans seraient presque exempts de vices.

Les femmes sont plus intelligentes, plus vives, plus alertes que les hommes ; aussi laborieuses qu'eux, elles partagent leurs travaux les plus pénibles, ce qui ne les dispense pas d'être excellentes mères et tendres épouses. Le type de la femme est assez joli : la physionomie est douce ; les yeux noirs, les cheveux bruns rappellent le Midi. Elles sont petites, robustes, bien prises dans leur taille. Quant au costume des environs de Riom, il est resté pittoresque : un corsage de velours noir, retenu par des agrafes d'argent et lacé de rubans rouges ; les manches plates, demi-longues, de laine de couleur ou d'étoffe brochée ; le jupon court, relevé et brodé de galons de velours ; enfin, la coiffe blanche et le fichu de dentelle complètent la toilette d'une paysanne aisée, et, en Auvergne, presque toutes ont quelque épargne.

Comte Henri d'Ideville,
les Châteaux de mon enfance (Auvergne et Bourbonnais)

LE LYONNAIS

Lyon a sa mission en France, comme Paris a la sienne. Fantaisiste sur le bord de la Seine, l'esprit français est méthodique sur les rives de la Saône.

Où est le mal? La France est un immense cerveau dans lequel se balancent toutes les tendances, tous les spécialismes, pour constituer cette unité splendide et multiple qui s'appelle la patrie.

Le pont Morand à Lyon.

Ne pas travailler est, à Lyon, une note déshonorante. Blâme qui veuille. Pour nous, rien ne nous paraît plus beau que ce rôle net, utile, en quelque sorte généreux, dans lequel se renferme la seconde ville de France.

Paris, musée d'art, d'initiative, de fantaisie intellectuelle. Lyon, atelier.

Acceptez cette distinction, Lyonnais. Elle vous fait honneur et constitue votre plus grand titre.

Donc le Lyonnais est soucieux de ses intérêts. Est-ce à dire qu'il conserve en toutes circonstances une attitude gourmée? Le croire, ce serait m'avoir bien mal compris. Il y a temps pour tout ici comme ailleurs, et nul ne sait mieux que le Lyonnais mettre à profit les heures de loisir que lui laisse le travail.

Le peuple de Lyon est actif, vivace, d'une gaieté communicative.

« Bon cœur, n'ayant pas trop de scrupules, il est toujours prêt à rendre service aux amis; ignorant, mais fin et de bon sens, ne s'étonnant pas facilement, on le dupe sans beaucoup d'efforts en flattant ses penchants, mais il parvient toujours à se tirer d'affaires... »

Tel est, résumé en quelques lignes par un observateur, le vrai caractère lyonnais.

Jules Lermina, Tour de France.

LE MARSEILLAIS (LA VIE POPULAIRE)

Voici le bruyant rendez-vous de mousses et de matelots, la petite place Neuve, dont les platanes, vus de l'autre côté du port, font entre les navires une tache verte d'une douceur charmante.

Encadrée de débits de liqueurs, de *bibines*, de mastroquets, de bouibouis, cette place est pendant toute la journée une véritable Babel.

On y entend toute sorte de langues et de dialectes. Marins russes, turcs, grecs, suédois, tunisiens, italiens, anglais, autrichiens, y viennent vociférer, hurler, se prendre de querelle, se raser et parfois se larder de coups de couteau entre deux prunes à l'eau-de-vie.....

Quel point de la ville plus abordable, plus gai, plus lumineux que cette partie du quai qui va de la petite rue Juge-du-Palais jusqu'à la Consigne! Jadis, avant la démolition du quartier des Grands-Carmes, c'était surtout à l'entrée du quai que les frileux, les buveurs de soleil avaient l'habitude de venir faire leurs

La Canebière, à Marseille.

dévotions. Mais depuis le percement de la rue de la République le coin des maisons neuves, comme on l'appelle aujourd'hui, n'offre plus le même abri contre les morsures du mistral. Aussi les fidèles qui s'y donnent rendez-vous forment le petit nombre, et la plupart sont ceux qui n'ont pas trouvé place à la grande cheminée.

Mais, dans l'autre partie du quai, le long de ces maisons de confections, de photographies au rabais, de tirs au pistolet, de ces bazars de pipes, de ces bruyantes et petites buvettes, de ces marchands de perroquets, de biscuits pour la marine, de conserves alimentaires et de ces nombreuses boutiques de bric-à-brac, quelle cohue! quelle fourmilière! quelle joie!

Rien n'est curieux, régalant, comme de voir tant de têtes s'épanouir, rayonner dans leurs bains de lumière. C'est là surtout que l'enchantement est grand pour les Marseillais. On y rencontre un tas de vieux *pescadans* au teint basané, bituminé, qui, immobiles, la pipe à la bouche, perdus dans leurs cabans, s'oublient dans un *far niente* délicieux et semblent plongés dans une longue extase, dans un ravissement sans fin.

Horace Bertin, *Tour de France*.

LES BORDELAIS

La ville de Bordeaux gagne tous les jours en mouvement, en animation. Sa population s'accroît sans cesse, et ses grands bâtiments, ses vastes habitations ne paraissent plus aussi disproportionnées. Les rues sont loin d'être aussi tristes qu'il y a trente ans. On sent partout la vie, le travail et l'aisance.

Je ne m'arrêterai pas à diviser les habitants de Bordeaux par catégories. Je n'ai pas recherché s'il y a des classes tranchées entre la noblesse, la magistrature et la bourgeoisie.......; la seule noblesse que l'on reconnaisse aujourd'hui, la seule qui paraisse acceptée, est celle qui a été conquise par le travail.

C'est donc au bord du fleuve, sur les quais, principalement au milieu de cette activité fiévreuse, qu'il faut aller chercher la noblesse bordelaise. Le commerce répand tellement d'aisance, que la misère est généralement inconnue à Bordeaux.

La population féminine est très-mélangée. Les vraies Bordelaises naissent à l'ombre du clocher gigantesque de Saint-Michel ou de la tour Sainte-Eulalie, — et elles sont réellement jolies. Presque toutes ont le nez droit, les joues sans pommettes et de grands yeux noirs dans un ovale pâle d'un effet charmant.

Un étranger pourrait facilement se tromper et confondre la Basquaise et la Béarnaise avec la Bordelaise. Pour ne pas commettre d'erreur à ce sujet, il suffit de remarquer que celle-ci est généralement marchande et qu'elle porte avec une certaine majesté sur la tête des paniers remplis de marrons ou des corbeilles chargées de belles oranges. La Béarnaise et la Basquaise, au contraire, se parent du tablier blanc, qui leur sied à ravir ; elles sont cameristes, soubrettes, et se font remarquer par leurs lèvres de carmin, leurs dents africaines et leurs yeux arabes, se détachant sur un visage pâle et bruni.

Toutes ces femmes, Bordelaises, Basquaises ou Béarnaises, ont la démarche alerte et vive, la taille souple et cambrée, naturellement fine. Jadis elles avaient une coiffure très-originale, composée d'un madras de couleur éclatante, posé à la façon des créoles, très en arrière et contenant leurs beaux cheveux, qui tombaient assez bas sur la nuque. Malheureusement, aujourd'hui, elles s'attachent à perdre ce cachet d'originalité ; elles portent le chapeau des dames. Les coquettes seules sont assez habiles pour conserver la coiffure du mouchoir, qui donne à leur physionomie un éclat tout particulier.

Il y a bien encore la Chartronnaise, — mais celle-ci est-elle bien Bordelaise? N'a-t-elle pas un peu de sang créole mêlé au sang britannique? Je le croirais volontiers. Quoi qu'il en soit, elle n'est pas moins artiste que les autres dans le nœud de son mouchoir et le dessin capricieux qui en marque le contour.

Eugène d'Auriac, *Tour de France*.

LE MONTAGNARD DES PYRÉNÉES

C'est une race d'hommes spirituelle, entreprenante et fière. Je leur ai trouvé cette fermeté de ton qui, chez les hommes vifs et prompts, annonce l'expérience des situations difficiles, un choix d'idées qui n'appartient qu'à un esprit cultivé, la politesse naturelle que donne une sensibilité exercée autant que délicate; je conviens cependant que le caractère que ces dehors font présumer doit être fort irritable. Si l'on y joint le goût des aventures périlleuses, un penchant déterminé à faire la guerre des frontières, un sentiment de liberté, favorisé par des boulevards inexpugnables et aiguisé par le mépris des lois prohibitives, de pareilles gens doivent être difficiles à manier pour quiconque est divisé d'intérêt avec eux. Mais ces contrebandiers, hommes adroits autant que déterminés, familiarisés avec tous les périls, toujours près de la mort, et dont le premier mouvement est un coup de fusil qui ne manque jamais son but, ces hommes qui, pour la plupart des voyageurs, sont un sujet de terreur, moi, seul et désarmé, je les ai rencontrés sans inquiétude et fréquentés sans crainte. On n'a rien à redouter des hommes auxquels on sait n'inspirer ni défiance ni envie. Les lois naturelles existent encore pour celui qui a secoué le joug des lois civiles. En guerre avec la société, il est quelquefois en paix avec son semblable.

RAMOND.

CONTREBANDIERS DES PYRÉNÉES

Dans une grande et vaste salle se trouvait un feu où brûlait un arbre presque entier. La flamme montait le long de la muraille et allait sortir par un trou pratiqué au toit. Tout autour de ce feu étaient assis, sur des pierres carrées ou sur des rouleaux de bois, des muletiers, des contrebandiers, toujours appelés commerçants, et des femmes qui, pressées de se chauffer, n'avaient pas encore quitté leurs mantes noires. Il régnait là une parfaite égalité, et la place appartenait au premier occupant. Plusieurs rangs de voyageurs gelés attendaient leur tour. Dès que l'un de ceux qui étaient en première ligne commençait à sentir sa peau se brûler, il se retirait, et son serre-file prenait sa place. Le premier soin était d'ôter les sabots et de les pendre aux branches des fascines qui n'étaient pas encore enflammées. Il y avait ainsi une vingtaine de chaussures fumantes et de pieds montagnards rouges, tous nus, autour de ce foyer. C'est au milieu de cette galerie qu'il me fallut prendre place. Heureusement mon guide avait eu soin d'occuper un siége pour me le transmettre ensuite.

Je me trouvai bientôt assis auprès d'un chef de bande dont la face m'aurait promis beaucoup d'histoires curieuses si j'avais pu me faire entendre et surtout accueillir de sa fierté catalane. Il avait un grand manteau roulé en bandoulière autour du corps, une ceinture de cuir où ne pendait pas de sabre. Mais, en revanche, je voyais un manche grossier sortir de la poche de son pantalon. Il venait de brûler une pipe, et, portant la main à cette poche, il en sortit un instrument d'une longueur extrême, qui, se déployant tout à coup, me laissa voir un poignard déguisé en couteau. Il se servit de la pointe pour nettoyer le fourreau de sa pipe, et, cette opération faite, il regarda son arme un instant et la retourna plusieurs fois avec complaisance. Un brigadier de gendarmerie qui était là y porta la main aussitôt, en lui disant qu'il n'était pas permis d'entrer en armes sur le territoire français. « Hé ! dit l'autre, n'est-il pas permis de couper son ta-
» bac et son pain ? — Fort bien, reprit le brigadier ; mais il y a
» là plus qu'il ne faut pour couper du tabac et du pain. — Et les
» loups et les chiens, ne faut-il pas se défendre contre eux ? »
Le contrebandier disait cela avec une attitude si indolente, mais si fière, que mon gendarme, habitué à demander des passeports et non des poignards, n'osa pas insister.

Thiers, les Pyrénées et le Midi de la France.

HABITANTS DES GORGES DES PYRÉNÉES (VALLÉE D'OSSAU)

... Ici les hommes sont maigres et pâles; leurs os sont saillants, et leurs grands traits tourmentés comme ceux de leurs montagnes. Une lutte éternelle contre le sol a rabougri les femmes comme les plantes; elle leur a laissé dans le regard une vague expression de mélancolie et de réflexion. Ainsi les impressions incessantes du corps et de l'âme finissent par modeler le corps et l'âme. La race façonne l'individu, le pays façonne la race. Un degré de chaleur dans l'air et d'inclinaison dans le sol est la cause première de nos facultés et de nos passions.

Le désintéressement n'est pas une vertu de montagnes. Dans un pays pauvre, le premier besoin est le besoin d'argent...

... Les mendiants pullulent. Je n'ai jamais rencontré un enfant qui ne me demandât l'aumône. Tous les habitants font ce métier, de quatre à quinze ans. Personne n'en a honte...

... Ils sont, comme les mendiants et les marchands, très-rusés et très-polis. La pauvreté oblige l'homme à calculer et à plaire; ils ôtent leur bonnet sitôt qu'on leur parle et sourient complaisamment; jamais de façons brutales ou naïves. Le proverbe dit très-bien : « Béarnais, faux et courtois. »

Taine, les Pyrénées.

LES BASQUES

Quel est cet ancien peuple dont les traditions célèbrent le courage indomptable et qui de nos jours encore a maintes fois donné des preuves de son héroïsme? Quelle est son origine première? Quelle est sa parenté parmi les autres populations de l'Europe et du monde? Toutes questions auxquelles il est impossible de répondre. Les Basques sont la race mystérieuse par excellence. Ils restent seuls au milieu de la foule des autres hommes. On ne leur connaît point de frères.

Il n'est pas même certain que tous les Euskariens ou Basques appartiennent à une souche commune, car ils ne se ressemblent nullement entre eux. Il n'y a point de type basque. Sans doute la plupart des habitants de la contrée se distinguent par la beauté précise des traits, l'éclat et la fermeté du regard, l'équilibre et la grâce de la personne ; mais que de variétés dans la stature, la forme du crâne et des traits! De Basque à Basque, il y a autant de différences qu'entre Espagnols, Français et Italiens. Il en est de grands et de petits, de bruns et de blonds, de dolichocéphales et de brachycéphales, les uns dominant dans tel district, les autres ailleurs. La solution du problème devient de plus en plus difficile, car la race, si elle est vraiment une, ne cesse de perdre, par les croisements, de son originalité première. Il est probable qu'avant l'ère de l'histoire écrite, des populations d'origine diverse se sont trouvées réunies dans le même pays, soit par des migrations, soit par la conquête, et que la langue des plus civilisés sera devenue peu à peu celle de tous. La vie de chaque peuple abonde en faits de cette espèce.

Si l'on ne tient pas compte des différences et même des contrastes que présentent entre eux les Basques des provinces espagnoles et de la Navarre française, on peut dire que, dans l'ensemble, la plupart des Basques ont le front large, le nez droit et ferme, la bouche et le menton très-nettement dessinés, une taille bien proportionnée, des attaches d'une grande finesse. Leur physionomie est d'une extrême mobilité. Les moindres sentiments se révèlent sur leur visage par l'éclair du regard, le jeu des sourcils, le frémissement des lèvres. Les femmes surtout se distinguent par la pureté de leurs traits ; on admire leurs grands yeux, leur bouche souriante et fine, la souplesse de leur taille. Même dans les villes et les villages qui servent de lieux de passage aux étrangers, de Bayonne à Vitoria, et où les croisements

Femme basque

ont le plus altéré les traits de race, on est frappé de la beauté de la plupart des femmes et de leur élégance naturelle. Dans certains districts reculés, la laideur est un véritable phénomène. Deux localités du Guipuzcoa, Azpeytia et Azcoytia, près desquelles se trouve le fameux couvent de Loyola, sont tout particulièrement célèbres à cause de la beauté de leurs habitants, hommes et femmes. On dit qu'il serait difficile d'y trouver une jeune fille qui ne fût pas un modèle parfait.

Mais les Basques n'ont pas seulement la beauté de la forme, ils ont aussi la dignité du maintien. On aime à les voir marcher fièrement, la veste jetée sur l'épaule gauche, la taille serrée par une large ceinture rouge, le béret légèrement incliné sur l'oreille. Quand ils passent à côté du voyageur, ils le saluent avec grâce, mais comme des égaux, sans baisser le regard. Les femmes, presque toujours vêtues de vêtements de couleurs sombres, ne sont pas moins nobles d'attitude. Elles portent toutes haut la tête, et, quoique marchant très-vite, ont un port de déesse. L'habitude qu'elles ont de placer leurs fardeaux sur la tête contribue probablement à leur donner cette fière tournure qui les distingue ; l'équilibre parfait qu'elles doivent apprendre à maintenir pour descendre ou monter les pentes sans que leur cruche risque de tomber, développe dans leurs membres un aplomb naturel, qui se rencontre rarement chez les femmes des contrées voisines. Elles ont surtout les épaules et le cou remarquables par la pureté des lignes, beauté bien rare chez les paysannes accoutumées au dur travail de la terre.

Élisée Reclus, *Nouvelle Géographie universelle.*

ÉMIGRATION DES PETITS SAVOYARDS

Quel est le voyageur qui, en parcourant les Alpes de Savoie, à l'aspect de ces longues vallées qui se déroulent devant lui, au bruit de ces torrents qui tombent et retombent sans cesse, soit

au-dessus de sa tête, soit au fond des abîmes, bien au-dessous de lui, et surtout à cette vive émotion que nous donne l'air des montagnes, n'a porté envie dans son cœur à ceux qui ont une si belle patrie? Qui de nous ne s'est choisi dans ses rêves une chaumière sur la pente d'une de ces collines, avec un ruisseau, des prairies et quelques arbres pour les ombrager? Qui n'y a placé, pour lui, une femme selon son cœur, quelques livres et un petit enfant?...
Eh bien! ces paysages si riants avec leur parure d'août, si imposants avec leur vêtement de neige; ces collines de verdure si gracieuses, au delà desquelles se pressent les grandes Alpes, et au-dessus d'elles le mont Blanc, toute cette terre enfin, si riche d'effets poétiques, n'a pas de moissons pour ses malheureux habitants. Elle ne donne rien à l'homme qui la tourmente, et garde à sa parure tous les trésors d'une brillante végétation, comme si elle voulait attester son indépendance et sa propre force, en refusant sa fécondité à tous les secours comme à tous les germes étrangers; aussi les peuples de la Savoie naissent seulement dans leurs vallées et n'y reviennent que pour mourir. Semblables à ces grands fleuves que leurs montagnes versent à l'Allemagne, à l'Italie et à la France, ils se répandent comme eux dans les contrées qui les avoisinent, après avoir puisé dans leurs chaumières, qu'ils n'oublient jamais, ce qu'ils n'eussent point trouvé ailleurs : la simplicité et la droiture du cœur, et une fidélité aussi incorruptible que la neige de leurs glaciers.

C'est ordinairement sur la fin de l'automne que les caravanes se rassemblent; les brouillards ne sont pas encore dissipés. Quelles sont les mères qui, depuis huit jours, ont goûté quelque repos, tant elles ont été accablées de soin et d'inquiétudes? Il a fallu rapiécer la veste de bure, faire partir les enfants avec du linge blanc, et puis auront-ils toujours du travail et du pain? Reviendront-ils jamais dans leur village?... Que de pleurs ont interrompu ces occupations! Que de prières faites du fond du cœur! Enfin arrive le jour où il faut se séparer. Il y a toujours dans le hameau un ou deux hommes qui ont fait leur tour de France et qui sont chargés de conduire tous ces enfants : ils sont là, debout, commandant déjà à leur petite troupe et rassurant les femmes qui s'affligent; les enfants sont tristes et soumis, car le curé leur a dit que Dieu le voulait. Ils mettent dans leur sac

Petit Savoyard.

le pain qu'on leur donne, parce qu'ils n'ont pas le courage de manger; ils regardent, sans les écouter, les mères qui leur font longtemps leurs recommandations, et puis les embrassent. On dit enfin la messe des voyageurs : il y a un grand recueillement dans toute l'église; après, chacun se sépare. Les hommes faits, pendant ce temps, parlent de leurs voyages; on donne aux enfants la petite caisse où dort la marmotte ; on leur enseigne à tenir les outils du ramoneur; les mères attachent la besace sur leurs épaules, les embrassent une dernière fois et rentrent pour pleurer. La caravane descend silencieusement le chemin de la colline, accompagnée de quelques enfants plus petits, de parents qui encouragent ceux qui partent, et du vieux curé qui les arrête enfin à une croix de bois placée au détour d'un chemin, les bénit encore et ramène au village tous ceux qui doivent y rentrer.

A. Guiraud, Notice sur les petits Savoyards.

LES DAUPHINOIS

La route, dans la vallée de Graisivaudan, est bordée d'habitations qui, se montrant à une lieue du fort Barraux, ne s'interrompent plus jusqu'à Grenoble. Pendant ce long trajet, elles ne présentent qu'un village continuel, où les maisons propres et quelque peu semblables aux chalets suisses seraient légèrement espacées.

Les femmes sont toutes assises sur le seuil de leurs portes : les unes cousent avec une merveilleuse rapidité et une propreté extrême les fameux gants de Grenoble, qui vont dans toutes les capitales de l'Europe revêtir les mains les plus délicates; d'autres dépouillent le lin de son enveloppe ligneuse et le filent à la quenouille pour le transmettre aux tisserands, non moins fameux à Grenoble que les gantiers. A ce spectacle s'en joint un autre : de grands bœufs au large front, liés deux à deux, traînent d'énormes sapins qui, nés sur les montagnes de la Chartreuse, vont se diviser en planches dans les scieries de Grenoble, ou flotter sur l'Isère et le Rhône, pour vieillir enfin dans les plaines du Midi.

Grenoble renferme une population forte et calme, mais essentiellement indépendante parce qu'elle est montagnarde et industrieuse. Ses intérêts sont fixes, comme son commerce ; elle ne vend aujourd'hui que ce qu'elle vendait hier : des gants, des toiles, des bestiaux, etc.

Les Dauphinois tiennent de la race des montagnards, race qui se ressemble partout et qui a des caractères pareils sous toutes les latitudes. Ces Écossais, qui, s'il faut en croire Walter Scott, joignent à la force du corps une grande hardiesse de caractère et surtout une finesse extrême d'esprit, se retrouvent les mêmes dans les Alpes et dans les Pyrénées. Aussi existe-t-il toujours dans les plaines un proverbe pour caractériser cette finesse. Les Provençaux, par exemple, qui tous les jours voient chez eux des habitants des Alpes faire leur fortune par leur intelligence et par leur économie, et changer bientôt leur bure en beau drap, disent avec dépit qu'ils n'ont que l'habit de grossier.

THIERS, le Midi de la France.

LES CORSES

L'histoire témoigne du patriotisme des Corses, de leur vaillance, de leur mépris de la mort, de leur respect de la foi jurée ; mais elle raconte aussi leurs folles ambitions, leurs rivalités jalouses, leurs furies de vengeance. Vers le milieu du siècle dernier, la *vendetta*, qui régnait entre les familles de génération en génération, coûtait chaque année à la Corse un millier de ses enfants; des villages entiers avaient été dépeuplés; en certains endroits, chaque maison de paysan était devenue une citadelle crénelée où les hommes se tenaient sans cesse à l'affût, tandis que les femmes, protégées par les mœurs, sortaient librement et vaquaient aux travaux des campagnes. Terribles étaient les cérémonies funèbres quand on apportait à sa famille le corps d'un parent assassiné. Autour du cadavre se démenaient les femmes en agitant les habits rouges de sang, tandis qu'une jeune fille, souvent la sœur du mort, hurlait un cri de haine, un appel furieux à la vengeance. Ces *voceri* de mort sont les plus beaux chants qu'ait produits la poésie populaire des Corses.

Grâce à l'adoucissement des mœurs, les victimes de la vendetta deviennent de moins en moins nombreuses chaque année. La fréquence des scènes de meurtre pendant les siècles passés devait être attribuée surtout à la perte de l'indépendance nationale ; l'invasion génoise avait eu pour résultat de diviser les familles. D'ailleurs, la certitude de ne pas trouver d'équité chez les magistrats imposés par la force obligeait les indigènes à se faire justice eux-mêmes ; ils en étaient revenus à la forme rudimentaire du droit, le talion.

Le peuple corse, d'où sortit un maître pour la France, était pourtant un peuple essentiellement républicain, aussi bien par ses mœurs de sauvage indépendance que par la nature abrupte du pays qu'il habite.

Élisée Reclus, *Nouvelle Géographie universelle.*

ANGLETERRE

L'ANGLAIS (L'HOMME PHYSIQUE — L'HOMME MORAL)

En voyant ses épaules charnues, son cou épais et masculin, sa poitrine proéminente, on devine le rude travailleur, le marin intrépide, le fabricant infatigable, le soldat qui se fait tuer à son poste, mais qui résiste mal aux marches forcées et à la faim. Ses cheveux blonds ou roux, sa peau blanche, ses yeux gris, disent les brumes de son pays; sa nuque peu saillante et l'ovale peu accusé de son crâne disent qu'il y a du sang danois dans ses veines; la force de ses maxillaires et le volume de ses dents disent ses préférences pour le régime animal. Il a le front élevé du penseur, mais non les longs yeux de l'artiste. L'état insulaire de l'Angleterre, sa belle situation sur l'Atlantique, ses ports nombreux et magnifiques, ses cours d'eau et la facilité de sa navigation intérieure, tout fait pressentir un grand commerce maritime et les mœurs qui s'y rattachent. Mais ce que ne peuvent dire ni le sol, ni le climat, ni la position géographique, ce sont les aptitudes importées par les races.

Dans l'Anglais il y a deux hommes : le Celte et le Germain. Un examen superficiel peut seul les confondre.

Le Celte, que l'absence de notions précises sur une population antérieure fait considérer comme indigène, se rapproche des races néo-latines et surtout des Français actuels. Il n'existe guère à l'état d'agglomération que dans quelques districts montagneux du pays de Galles et de l'Écosse. Son crâne et ses traits indiquent des aptitudes artistiques. Il préfère le christianisme sous sa forme catholique et anglicane. Comme l'ancien Gaulois, il aime le vin, le rire, le jeu, la danse, la causerie, la raillerie, la bataille. Il est spirituel et porte l'instinct du comique. Il est franc et hospitalier ; mais sa versatilité le rend incapable de mûrir et de poursuivre une entreprise, de se donner les avantages de la réflexion, de se réserver l'avenir. Faute de savoir coordonner ses forces et agir avec ensemble, il est devenu la proie d'un ennemi qui n'était son supérieur ni en nombre, ni en bravoure, ni même en intelligence. La vieille, la joyeuse Angleterre et la verte Irlande ont subi le joug du Danois, du Saxon et du Normand ; elles ont perdu leur gaieté proverbiale, leurs bardes, leur génie démocratique et leur civilisation.....

Le Saxon trouve moyen de spéculer sur tout et de manœuvrer avec habileté dans le dédale de ses lois commerciales. Son tempérament flegmatique fait qu'il ne subit ni les entraînements de l'enthousiasme ni les déceptions du découragement. Il voit juste dans le présent et l'avenir. En luttant de finesse avec ses adversaires, il apprend à se cuirasser contre les entraînements du cœur. Sa figure trahit rarement sa pensée intime ; ses traits sont dénués d'une mobilité qui serait un désavantage.

C'est ainsi que l'Anglais joint l'habileté à la volonté, d'où dérive sa puissance dans l'action. Étant fort habile, il prend en lui-même une confiance qui dégénère facilement en orgueil et qui le sauve des petitesses de caractère. Il n'est ni obséquieux ni flatteur ; il rejette les raffinements de politesse, qui lui paraissent une humiliation pour celui qui les emploie ; il garde le serment qu'il ne pourrait violer sans s'amoindrir ; mais il fait valoir tous ses avantages. La vie est pour lui une lutte dans laquelle on doit triompher sans prendre souci de ceux qui ne savent pas combattre et succombent en chemin. Il ne demande pas pitié et ne l'accorde guère ; il n'a pas la cruauté, qui est une sorte de faiblesse, mais il sait supprimer un ennemi quand il y trouve un avantage marqué.

En adjoignant à l'Anglais l'initiative individuelle qui se retrouve dans toutes les branches de l'arbre germanique, on doit s'attendre à le voir amoureux de la liberté, sans laquelle ses forces ne pourraient prendre leur essor.

Touriste anglais.

Mais cette liberté le conduirait vite à sa perte s'il ne lui adjoignait l'esprit de conduite et s'il ne la tempérait par l'amour de l'ordre, qu'il puise dans ses habitudes industrielles et commerciales.

Dr CLAVEL,
les Races humaines et leur part dans la civilisation.

L'ESPRIT ANGLAIS (CITATIONS DIVERSES)

L'Anglais a besoin d'exercice rude, il a les instincts militants, par suite le désir de vaincre et de se rendre l'orgueilleux témoignage qu'il accomplit une tâche difficile. De cela il y a mille indices. J'ai déjà noté les besoins du mouvement physique, les grandes marches des jeunes filles, l'habitude universelle du cheval; le climat humide et froid réclame le jeu des muscles; ajoutez les innombrables yachts de plaisance, les périlleuses courses au clocher, la chasse. Un ambassadeur aujourd'hui très-connu passait, quand il était jeune, tout l'été en Écosse; pendant six jours de la semaine il chassait avec un camarade dans les Highlands, couchait en plein air, rentrait le samedi soir, repartait le lundi à quatre heures du matin. Nombre de jeunes gens et d'hommes faits vont tous les ans pêcher le saumon en Norvége, tirer le daim au Canada ou l'éléphant au Cap; quant aux voyages pleins de dangers et de *hardships*, les femmes mêmes les affrontent, et seules; là-dessus, j'ai cinquante exemples pour un, et d'ailleurs leur réputation est faite. Appliquons ce besoin d'action et de lutte aux métiers et aux professions; il produira l'énergie nécessaire pour supporter la fatigue et l'assujettissement, surtout si l'on tient compte de deux circonstances qui allégent beaucoup le principal poids du travail moderne, je veux dire l'ennui. L'une est le tempérament flegmatique, qui supprime les sursauts d'idées, l'improvisation, les petites émotions intervenantes, et permet à l'homme de fonctionner avec la régularité d'une machine. L'autre est le manque de délicatesse nerveuse, l'insensibilité acquise, l'habitude des sensations ternes, qui supprime en l'homme le besoin du plaisir vif et varié, et l'empêche de se révolter contre la monotonie de son ouvrage.

J'ai vu nettement cela en France en suivant dans une manufacture d'impressions sur étoffes le travail de deux ouvriers anglais parmi trente Français : longues figures froides, silencieuses, sans expression, sans distraction, sans hâte, qui se donnaient juste le degré de mouvement nécessaire, ne s'animaient et ne se détendaient jamais, et travaillaient aussi bien à la dixième heure qu'à la première. — En résumé, nulle autre issue aux facultés que l'action utile ; tyrannie de besoins nombreux auxquels le travail seul peut donner pâture ; goût naturel pour l'essor physique et la lutte morale ; nulle aversion pour la monotonie du labeur insipide : il y a là de quoi faire, en toute carrière manuelle ou libérale, de puissants et patients ouvriers.

Par une conséquence très-naturelle, ce caractère est devenu ici le modèle idéal ; car tout peuple consacre et dresse sur un piédestal le type qui manifeste le mieux ses facultés et sert le mieux ses besoins. C'est pourquoi l'opinion et la morale disent à l'Anglais : « Travaille et concours à quelque œuvre utile ; sinon tu n'es pas un homme et tu n'as pas le droit de t'estimer. »

H. TAINE, *Notes sur l'Angleterre.*

Le Français est surtout porté aux entretiens particuliers. Dans une conversation d'individu à individu ou dans un cercle restreint de trois ou quatre personnes, il est brillant, alerte, prodigue de lui-même. Il ne mesure point ses succès au nombre, mais à l'admiration de ses interlocuteurs ; il ne tient point du tout à convaincre et à conquérir, il lui suffit de surprendre et d'enchanter. Il aime mieux produire l'effet de la foudre qui vous éblouit jusqu'à vous fermer les yeux, que d'éclairer l'entretien d'une lumière lente, paisible et sûre. Aussi ne demande-t-il point à être écouté avec calme ou avec ferveur ; il ne craint pas la contradiction, elle le provoque sans l'irriter ; les obstacles qu'elle lui présente lui donnent l'occasion de rebondir et de déployer sa légèreté et son aisance. L'Anglais procède tout autrement : il vous écoute sans sourciller, et il attend que vous accueilliez sa réponse avec un semblable flegme. De même que l'idée ne lui viendrait pas de vous interrompre, il ne saurait admettre que vous vous jetiez au travers de sa réplique ; il ne comprend pas les conversations à bâtons rompus ; il ne traitera un sujet qu'à la condition de s'y établir et de s'y installer ; la contradiction n'est plus pour lui un obstacle qu'il franchit sans se ralentir, mais une barrière au pied de laquelle il s'arrête et où il accumule sa force. Aussi, en Angleterre, les conversations mêmes des salons ou des dîners se ressentent toujours un peu des allures politiques ; elles ont quelque chose de grave et de concentré, d'ordonné et de suivi.

Antonin Rondelet, *Londres pour ceux qui n'y vont pas*

L'Anglais réunit à la simplicité, au calme, au bon sens, à la lenteur germaniques, l'éclat, l'emportement, la déraison, la vivacité et l'élégance de l'esprit français.

Chateaubriand.

La mission de l'Angleterre est de perfectionner la civilisation générale dans ses voies industrielles et commerciales.

De Loménie.

L'Anglais est guidé par l'habitude ; l'Écossais, par la réflexion et par l'impulsion ; l'Irlandais, par l'impulsion seule. Le premier est persévérant, mais tardif ; le second a plus de légèreté dans l'esprit, mais aussi plus de fixité ; le dernier a la mobilité du vent, rien n'est solide en lui : c'est le ballon rempli d'air. L'Anglais en crédit est hautain, l'Écossais intrigant, l'Irlandais toujours vain.

Mudie.

Il a été dit que l'Anglais n'est jamais heureux que quand il est misérable, que l'Écossais n'est jamais à la maison, *at home*, que lorsqu'il est dehors, que l'Irlandais n'est jamais en paix que lorsqu'il est en guerre.

LA CIVILISATION EN ANGLETERRE

La civilisation anglaise a été particulièrement dirigée vers le perfectionnement social, vers l'amélioration de la condition extérieure et publique des hommes, vers l'amélioration, non pas seulement de la condition matérielle, mais aussi de la condition morale, vers l'introduction de plus de justice dans la société comme de plus de bien-être, vers le développement du droit comme du bonheur. Cependant, à tout prendre, le développement de la société a été plus étendu, plus glorieux en Angleterre que celui de l'humanité; les intérêts, les faits sociaux, y ont tenu plus de place, y ont exercé plus de puissance, que les idées générales; la nation apparaît plus grande que l'homme individuel. Cela est si vrai, que les philosophes mêmes de l'Angleterre, les hommes qui semblent voués par profession au développement de l'intelligence pure, Bacon, Locke, les Écossais, appartiennent à l'école philosophique qu'on peut appeler pratique; ils s'inquiètent surtout des résultats immédiats et positifs, ils ne se confient ni aux élans de l'imagination, ni aux déductions de la logique : ils ont le génie du bon sens....

Guizot, *Histoire de la civilisation en France.*

L'ANGLAIS A NOEL

L'Anglais se montre en tout un peuple traditionnel ; pour lui, c'est surtout la coutume qui est sainte. De toutes les solennités religieuses, la plus profondément gravée est Noël (*Christmas*).

On s'y prépare plusieurs semaines à l'avance. D'immenses troupeaux d'oies s'acheminent gravement du nord de l'Angleterre, par toutes les routes, vers la ville de Londres ; les grands bœufs annoncent leur arrivée sur les chemins de fer ou les bateaux par de sombres beuglements ; les étalages de viande s'amoncellent en pyramides devant l'échoppe des bouchers. C'est surtout le soir, dans les quartiers populeux de Londres, par exemple dans Whitechapel, qu'il faut voir, au milieu d'une foule tumultueuse, ces montagnes de comestibles à la lueur des mille becs de gaz dont la flamme libre oscille sous le vent. On s'occupe en même temps d'orner l'intérieur des maisons : les murs de chaque *parlour* sont tendus de guirlandes de laurier, de lierre et de houx ; c'est le houx qu'on préfère, car il détache en vigueur, sur son feuillage vert foncé, des baies rouges qui couronnent admirablement, disent les vieilles chansons, la tête du sombre hiver. Une branche de gui, souvenir des vieilles superstitions celtiques, attachée au plafond, pend au milieu de la chambre, quelquefois même à l'entrée de la porte. Le gui (*mistletoe*) ne se distingue pas seulement par ses feuilles délicates et ses jolis fruits blancs, il donne à chaque homme admis dans la maison le privilége d'embrasser toute jeune fille attirée — par mégarde sans doute — sous le rameau sacré.

Noël est arrivé. « Sois le bienvenu, vieux père Noël, avec ta barbe blanche ! » — C'est le cri des enfants, et, si matinal qu'il soit, ce cri a été précédé, dans les campagnes, par le chant du coq. On croit encore, dans quelques villages de l'Angleterre, que le coq mêle cette nuit-là sa voix aux mystères de la fête, et qu'il salue depuis dix-huit cents ans l'aube d'une ère nouvelle. La barbe blanche de Noël, c'est la neige. Il y a pourtant des exceptions, selon les années ; mais les Anglais n'aiment pas les Noëls verts. « Noël vert, cimetière gras », dit le proverbe.

Les rideaux des plus humbles fenêtres sont éclairés par un soleil intérieur : la bûche de Noël (*Christmas log*) est dans l'âtre ; elle brûle en illuminant de joyeux visages. « Un foyer propre, un bon feu qui flambe et une bonne femme qui sourit, c'est, dit le proverbe anglais, la richesse d'un homme pauvre. » Or, il y a bien peu de cheminées qui ne pétillent et bien peu de femmes qui ne sourient, en Angleterre, le jour de Noël. L'heure du repas est le moment solennel de la fête. Le fameux *plum-pudding*, ce signe culinaire de la nationalité anglaise, apparaît bientôt, accueilli par le bruit des jeunes voix, l'applaudissement des yeux, le trépignement des petits pieds sous la table ; l'aïeul même sourit, sous ses lourdes lunettes, à la vue des belles flammes bleues et rouges que jette à la surface des mets l'eau-de-vie brûlante : il sourit à sa jeunesse, qui a duré ce que dure cette flamme ; il sourit surtout à la jeunesse qui le remplace.

Au dessert paraît l'arbre de Noël ; nouvelle joie, nouveaux cris. Enfin commencent les jeux, la danse... Puis la nuit se termine par une libation de vin fait avec les baies du sureau (*elder-berry wine*), et qu'on boit bien chaud, bien épicé, bien sucré, pour se procurer des rêves agréables. La fête n'est point enterrée : elle renaît avec le jour suivant et se prolonge, malgré la reprise des travaux quotidiens, durant six semaines. Le théâtre avec ses pantomimes, le Crystal-Palace avec ses divertissements d'hiver, les salles de concert, les bals, tout concourt à retenir longtemps ce vieil hôte bien-aimé de la Grande-Bretagne, le père *Christmas*, à la tête couronnée à la fois de glace et de feuillage. — Il y a toute une littérature de Noël, qui consiste en contes, en poésies, en lectures morales.

ALPHONSE ESQUIROS, *l'Angleterre et la vie anglaise.*

LES PAUVRES DE LONDRES

Plus qu'aucune autre ville du monde, Londres renferme des troupeaux de déshérités, fatalement rejetés hors du mouvement de la civilisation et qui ne s'en approchent que pour être broyés par elle. Le reste du globe ne saurait nous offrir de plus douloureux spectacle. Le dénûment de ces êtres voués à la misère, leur abjection morale, leur ignorance profonde, vont croissant d'année en année. On l'a dit avec une force d'expression aussi effrayante qu'elle est juste, les lois économiques qui ont donné à l'Angleterre une royauté si incontestable sur le monde, ont en même temps broyé et pétri dans la boue une partie de sa population. Ces parias de la nation qui s'appelle elle-même la joyeuse Angleterre, *merry England*, naissent, végètent et meurent dans des ruelles sombres, auxquelles un rideau de fumée âcre dérobe ce dernier bien des malheureux qu'on appelle poétiquement la lumière des cieux. Ici la terre détrempée n'est plus qu'une boue visqueuse et gluante, l'humidité suinte à travers les murailles nues des caves où grouillent des êtres aux joues hâves, aux traits flétris, à l'œil hagard, qui n'ont plus rien de ce qui fait l'homme, — dont la vie s'étiole dans l'ordure, et dont les joies mêmes ont quelque chose de plus poignant, de plus effrayant, que leur douleur, car elles accusent davantage encore leur irrémédiable dégradation. Les statistiques, dont les chiffres ont parfois une incomparable éloquence, établissent que chaque année des milliers de personnes meurent à Londres par manque d'air et de lumière, et que cent mille hommes capables de travailler se demandent le matin ce qu'ils pourront bien faire dans la journée pour dîner le soir.

Une chose qui nous a toujours frappé chez les pauvres de Londres, c'est une sorte de résignation fataliste et de lassitude accablée. Ils ne se drapent point dans leurs haillons comme le mendiant de Castille dans son orgueil ; ils ne rient point au nez de la misère comme les Italiens sans le sou et sans souci, qui se consolent de tout en étirant leurs membres au soleil ou en regardant la Madone. Mais ils ont pu dompter le sentiment de révolte de l'orgueil indigné qui, chez nous, empoisonne la souffrance, l'aigrit, la corrompt et pousse ceux qui ne possèdent pas à la révolte contre ceux qui possèdent.

Cette grande force de la hiérarchie sociale, qui domine et asservit toute l'Angleterre, fait sentir sa puissance jusqu'ici. On dirait que les misérables savent qu'il doit y avoir des pauvres et qu'ils trouvent naturel de l'être.

Louis Énault, Londres.

LE DERBY

Le Derby est une grande plaine verte, un peu onduleuse. Sur un flanc montent trois échafauds publics et plusieurs autres plus petits. En face, des tentes, des centaines de boutiques, des écuries improvisées sous la toile, et un pêle-mêle incroyable de voitures, de chevaux, de cavaliers, d'omnibus particuliers ; il y a peut-être ici deux cent mille têtes humaines. — Rien de beau ni même d'élégant : les voitures sont des véhicules, et les toilettes sont rares ; on ne vient pas ici pour se montrer, mais pour regarder ; le spectacle n'est intéressant que par sa masse. Du haut du *stand*, l'énorme fourmilière grouille et sa rumeur monte. Mais au delà, sur la droite, une ligne de grands arbres; derrière eux les ondulations bleuâtres, indistinctes, de la campagne verdoyante, font un cadre magnifique au tableau médiocre. Quelques nuages blancs comme des cygnes voguent dans le ciel, et l'on voit leur ombre courir sur l'herbe ; une brume légère, pleine de soleil, plane dans les lointains, et l'air illuminé enveloppe comme une gloire la plaine, les collines, l'immense espace et toute l'agitation de la kermesse humaine.

C'est une kermesse, en effet ; ils sont venus pour s'amuser avec fracas. Partout des bohémiennes, des chanteurs et danseurs grotesques déguisés en nègres, des tirs à l'arc et à la carabine, des charlatans qui à coups d'éloquence débitent leurs chaînes de

Le Derby à Epsom

montre, des jeux de quilles et de bâton, des musiciens de toute espèce, et la plus étonnante file de cabs, calèches, droschkis, four-in-hands, avec pâtés, viandes froides, melons, fruits, vins, surtout de Champagne. On déballe, on va boire et manger, cela refait l'animal et l'exalte ; la grosse joie et le franc rire sont l'effet de l'estomac rempli. — Devant cette ripaille toute prête, l'aspect des pauvres est pénible à voir ; ils tâchent de vous vendre des poupées d'un sou, des mémoriaux du Derby, de vous faire jouer au jeu de bâton (*annt Sally*), d'obtenir le cirage de vos bottes.

Presque tous ressemblent à de misérables chiens affamés, battus, lépreux, qui attendent un os sans l'espérer beaucoup. Ils sont venus à pied la nuit et comptent pour dîner sur les miettes de la grande ripaille. Beaucoup sont couchés par terre entre les pieds des promeneurs et dorment béants, la face en l'air. Les figures ont une expression d'hébétement ou d'âpreté douloureuse. La plupart sont pieds nus, tous horriblement sales, et de plus ridicules ; la cause en est qu'ils ont de vieux habits de gentlemen, d'anciennes robes élégantes, de petits chapeaux jadis portés par de jeunes filles. Cette défroque, qui a passé sur trois ou quatre corps, en se délabrant au passage, me fait toujours mal à voir. Elle avilit ; par elle, l'être qui s'en affuble se déclare ou s'avoue le rebut de la société. Un paysan, un ouvrier, un manœuvre est chez nous un homme différent, non pas un homme inférieur ; sa blouse est à lui, comme à moi mon habit ; elle n'a servi qu'à lui. Cet usage des haillons est plus qu'une singularité, il dénote un manque de fierté ; les pauvres ici se résignent à être le marche-pied d'autrui.

. . . .

Cependant une cloche sonne, et la course se prépare. Les trois ou quatre cents policemen font vider la piste ; les échafauds sont comblés, et en face d'eux la prairie n'est plus qu'une grosse tache noire. Nous montons à nos places ; rien de grandiose. A cette distance, les foules sont des fourmilières ; les cavaliers et les voitures qui avancent et se croisent ressemblent à des scarabées, à des hannetons, à de gros bourdons sombres éparpillés sur un tapis vert. Les jockeys, en rouge, en bleu, en jaune, en couleur mauve, font un petit tas à part, comme un vol de papillons posés. Probablement je manque d'enthousiasme, mais il me semble assister à un jeu d'insectes. — Trente-quatre coureurs. Après trois faux départs, quinze ou vingt font masse, les autres sont par petits paquets, et on les voit avancer le long de la piste. Pour l'œil, la vitesse n'est pas très-grande ; c'est celle d'un chemin de fer vu à une demi-lieue : en ce cas, les wagons ont l'air de petits chariots d'enfant qu'un enfant traîne au bout d'un fil. Certainement, ici l'impression physique n'est pas plus forte, et il ne faut parler ni d'ouragan, ni de tourbillon. — Pendant plusieurs minutes, la tache brune, semée de points rouges et clairs, chemine régulièrement sur le vert lointain. Elle tourne, on sent venir le premier groupe : « Chapeaux bas ! » et toutes les têtes se découvrent, et tout le monde se lève ; un hourrah étranglé court sur les échafauds. Les figures froides ont pris feu ; des gestes courts, saccadés, remuent subitement les corps flegmatiques. En bas, dans l'enceinte des paris, la secousse est extraordinaire, comme une danse de Saint-Guy universelle : imaginez un tas d'automates qui reçoivent une décharge électrique et gesticulent de toutes leurs pièces comme des télégraphes fous. — Mais le spectacle le plus curieux est celui de la marée humaine qui, tout de suite et tout d'un coup, s'épand et roule sur la piste derrière les coureurs, pareille à un flot d'encre. La masse noire immobile a fondu subitement et coule ; en un instant elle s'étend énorme, à perte de vue, et la voici devant les échafauds. Sur deux ou trois rangs, les policemen font digue et boxent au besoin pour protéger le carré où ils reçoivent chevaux et jockeys. On va peser et vérifier.

Il y a un moment grandiose, celui où les chevaux ne sont plus qu'à deux cents pas ; en un instant la vitesse devient tout d'un coup visible, et le peloton de cavaliers et de chevaux fond en avant, cette fois, comme une tempête.

Un cheval peu connu, Caractacus, a gagné, et de très-près. On ne pariait pour lui que un contre quarante ; au contraire, on pariait un contre trois ou deux contre neuf pour deux autres très-renommés : partant mécomptes et débâcle.

A mon sens, ces paris sont pour l'esprit ce que l'eau-de-vie est pour le palais, un excitant nécessaire à des machines lourdes et rudes ; il leur faut des impressions violentes, la sensation d'un risque énorme ; ajoutez-y l'instinct militant et hasardeux : tout pari est un duel, et tout gros pari est un danger. — Quant aux raisons qui rendent si universelle et si nationale la passion des chevaux et des courses, il me semble qu'il faut les chercher dans la vie gymnastique et rustique : les gens aisés ou riches vivent une grande partie de l'année à la campagne ; dans un pays boueux, on ne se promène bien qu'à cheval ; leur tempérament a besoin du grand mouvement physique. Toutes ces mœurs aboutissent au Derby, qui est leur fête spéciale.

H. Taine, Notes sur l'Angleterre.

MINEURS DU PAYS DE GALLES. — LA MISÈRE A MERTHYR-TYDVIL

Aux alentours de l'usine, le long des *crassiers* où l'on rejette les cendres et les scories de tous les foyers métallurgiques de cet immense établissement, allaient, le dos courbé vers la terre, de pauvres filles déguenillées.

Que venaient-elles faire en ces lieux ? Chercher, au milieu de ces tas encore fumants, quelques débris de coke ou de charbon pour allumer le foyer domestique. La misère était donc bien grande en ce pays industriel et travailleur, pour que de pauvres familles d'ouvriers en fussent réduites à ces tristes expédients !

Les pauvrettes faisaient mal à voir, vêtues de loques, de haillons immondes, un sale mouchoir noué autour de la tête, parfois même la tête couverte d'une capeline défoncée qui avait peut-être abrité jadis le chef d'une grande dame. Les unes allaient nu-pieds, d'autres portaient des chaussures éculées, ramassées dans la rue, souvent dépareillées, ayant quelquefois primitivement servi pour des pieds d'homme. Quelle misère, grand Dieu ! et se peut-il que dans un pays en apparence si riche, si industriel, il y ait des gens à ce point déshérités ! A Londres seulement, dans les quartiers les plus sales, les plus misérables, nous devions rencontrer pareil abandon; mais là au moins la chose s'expliquait par la paresse, le vice, l'absence de travail

Pauvresses du pays de Galles.

suivi, tandis qu'à Merthyr-Tydvil on pourrait croire que le nombre des usines à fer, des mines de charbon et de toutes les exploitations industrielles du pays doit donner du pain à tout le monde. Il n'en est rien, paraît-il, et, soit qu'il y ait de la faute des habitants, soit qu'il y ait de la faute des grands industriels du pays (ce que nous ne saurions croire), la misère s'étale à Merthyr-Tydvil au grand jour, à la vue de tous, de la façon la plus lamentable.

L. SIMONIN, *Tour du monde*.

LE SEL DANS LA VIEILLE ANGLETERRE

L'usage de ce condiment est très-ancien et se perd dans la nuit des siècles. Un article de cuisine, d'un emploi si journalier, devait se mêler aux mœurs et aux superstitions domestiques. En Écosse, le plancher d'une maison neuve ou qui changeait de locataire était toujours saupoudré de sel : on croyait ainsi introduire la bonne fortune. On plaçait une assiette remplie de sel sur la poitrine d'un mort, après lui avoir fait la toilette funéraire. Cette coutume avait pour objet de conjurer les mauvaises influences. Le sel se rattachait, en outre, aux rapports de la vie sociale : le maître l'offrait à ses serviteurs, le chef de la maison le présentait à ses hôtes, comme un gage de fidélité qui devait régner entre eux. Il servait même à marquer la distinction des rangs. Autrefois, en Écosse, les personnes considérables dînaient avec leurs subordonnés et leurs domestiques. Le chef de la maison occupait, ainsi que les membres de sa famille, le haut de la table, et le plancher de la salle s'élevait dans cet endroit-là comme pour leur faire honneur. Les convives les plus distingués s'asseyaient à côté des maîtres, les autres venaient à la suite; le rang des personnes allait ainsi déclinant jusqu'au bout de la table, où se trouvaient les serviteurs. On avait là une image parfaite de la société d'alors avec la différence des conditions réunies sous l'autorité du *paterfamilias* A un certain endroit de la table, se plaçait une grande cuve de sel qui servait de ligne entre les supérieurs et les inférieurs. S'asseoir au-dessus du sel était le privilége d'un gentleman ou d'un homme de bonne famille, tandis que s'asseoir au-dessous du sel était une expression consacrée qui indiquait une humble situation dans la société. Il y avait aussi une dégradation correspondante dans la qualité des liqueurs : un vin généreux coulait à la tête de la table dans les cornes de taureau, puis la boisson devenait plus vulgaire, et finissait au bout de la table par de la petite bière.

Alph. Esquiros, l'Angleterre et la vie anglaise.

BELGIQUE ET PAYS-BAS

BELGES ET HOLLANDAIS

Le voyageur qui, après avoir visité la Hollande, revient en Belgique, est frappé des contrastes que présentent les caractères des deux populations. Mais c'est surtout en examinant leurs aptitudes et leurs qualités économiques qu'il constate entre elles une notable différence. Ainsi, la Hollande lui apparaît sous un tout autre aspect que la Belgique, soit qu'il l'envisage au point de vue des mœurs domestiques et des habitudes privées, soit qu'il l'observe au point de vue des mœurs publiques et des coutumes générales. Cette froide Néerlande, perdue dans les brouillards glacés de la mer du Nord, est, on l'a dit, une véritable fabrique de capitaux; elle accumule sans cesse d'énormes masses de numéraire et de métaux précieux. Une excessive économie règne dans les familles et dans les entreprises. Le gouvernement et les particuliers dépensent moins que leurs revenus; ils thésaurisent, ils remplissent leurs caisses, et, pour cela, ils ne reculent ni devant la peine ni devant les privations. Dans ce pays, on produit beaucoup et l'on consomme peu.

Les plus riches mettent de côté, suppriment les dépenses superflues, aiment mieux avoir beaucoup d'or dans leurs poches que beaucoup de vin dans leurs caves. Asseyez-vous à la table d'un opulent marchand d'Amsterdam, et vous serez surpris de la frugalité des convives et de la simplicité des mets. Rien d'inutile, telle est la devise des sages ménagères de ce pays.

Chez les petits bourgeois, la vie est encore moins confortable. On compare avec raison les Hollandais aux Chinois; comme ces derniers, ils se nourrissent mal et travaillent beaucoup. De là leurs richesses, leur puissance commerciale ; de là aussi leur aisance générale et l'ignorance où ils sont des maux et des dangers du paupérisme. Dans les plus humbles demeures, dans la ferme du paysan, dans la maison du pêcheur, on voit, rangées sur les bahuts et les cheminées, de lourdes pièces d'argenterie qui datent du XVII° siècle. A côté de la vaisselle, des porcelaines du Japon et de la Chine, de précieuses poteries de faïence étalent leurs larges ventres luisants. L'épargne ici a donc pour but principal non d'accroître la puissance productive, l'importance industrielle de la famille, mais d'accumuler de la richesse sous sa forme la plus tangible. Être bien logé, posséder de bons meubles, solides et coûteux, qu'on se léguera de père en fils, voilà l'ambition de chacun.

La maîtresse de maison ne désire la fortune que parce qu'elle lui permettra d'avoir de vastes bahuts pleins de linge, de bijoux, de pièces d'or. Le fermier enrichi transforme ses florins en tasses, en théières d'argent. Ordinairement tous ces objets sont renfermés dans la chambre du trésor (*Schatz-kammer*). C'est là qu'habite le génie protecteur de la maison, la puissance bienfaisante qui veille aux destinées de la famille, qui fera marier les enfants, prospérer les entreprises de la communauté. Personne ne pénètre dans ce sanctuaire. Mais vienne la kermesse ou la Noël, et l'on ouvre le schatz-kammer, et l'on en retire les merveilles que l'on étale sur les tables, les armoires, que l'on suspend aux murs et que l'on place jusque dans l'étable. Pendant ces jours de fête, les bestiaux eux-mêmes sont endimanchés : on leur suspend au cou des clochettes d'argent, on leur donne à boire dans de magnifiques bacs de cuivre ciselé. Les femmes se couvrent le front de plaques d'or ; elles revêtent leurs robes de soie et de satin. Les hommes se servent de leurs pintes d'argent et de leurs pipes ornées d'or, et la maison, pour quelques heures, prend l'aspect de la caverne d'Ali-Baba.

Ainsi ce peuple emploie ses richesses à se procurer des satisfactions qui durent et non des jouissances d'un instant. Il aime mieux manger de la morue dans de la belle argenterie que des ortolans dans de simples assiettes.

En Belgique, la force de l'épargne a toujours été moins grande que chez les voisins du nord. Le peuple flamand recherche avant tout les satisfactions matérielles, le plaisir des sens. La Flandre est justement célèbre pour ses ripailles, et c'est dans les kermesses brugeoises et anversoises que les peintres de l'école hollandaise ont observé les types et choisi les sujets de leurs tableaux. Le Flamand ne tient pas à passer pour riche, et la vanité chez lui ne favorise pas le développement de l'instinct thésauriseur. Il se moque des habitudes d'économie et de la frugalité des *marchands de fromages*. Il trouve absurde que l'on boive du mauvais thé dans des tasses d'argent et que l'on mange des pommes de terre dans de la porcelaine. Il dédaigne l'ostentation et il affecte même une sorte de simplicité grossière, de rude énergie. Entrez dans une ferme un jour de kermesse, vous verrez une chambre bien balayée, une table couverte de plats et de bouteilles, des convives joyeux, bruyants, qui mangent et boivent à qui mieux mieux, mais aucun de ces détails qui, en Hollande, montrent la richesse, l'orgueil, l'économie des habitants. Point de vaisselle précieuse, point de linge brodé, mais une chère plantureuse, abondante, d'énormes tourtes, des plats de riz au lait, des montagnes de crêpes et des torrents de bière. Le Flamand de la vieille roche ne se trouve à l'aise que dans un intérieur où le luxe moderne n'a point pénétré. Aussi sa demeure ne ressemble ni à l'élégant cottage de l'ouvrier anglais, ni à la riche habitation du cultivateur frison. On y conserve avec un religieux respect les vieux meubles de la famille.

Une grande propreté, voilà le seul luxe de nos fermes flamandes. Les carreaux du plancher reluisent comme du marbre, les vitres à losanges sont transparentes comme du cristal, la blancheur des tables de bois est immaculée; mais, si l'on ouvrait devant vous les bahuts, qui semblent contenir les richesses du Pérou, vous n'y trouveriez que des objets sans valeur.

Van Ryk, *Correspondance sur la Belgique.*

LE BRUXELLOIS

L'analyse des éléments de la population bruxelloise en explique le caractère et le tempérament. Le produit du mélange des deux races flamande et wallone est bien inférieur à chacune d'elles, au point de vue moral comme au point de vue physiologique. L'ouvrier de cette ville n'a pas la robuste carrure, la taille élevée, les cheveux blonds et le teint rouge du paysan de la Flandre ; il n'a pas davantage la souplesse, l'agilité, le tempérament nerveux et la dextérité manuelle de ces populations wallones qui, d'après M. Michelet, sont plus midi que le Midi. Au point de vue de l'intelligence et du caractère, même contraste, mêmes différences. Le Bruxellois proprement dit ne parle ni le français ni le flamand, mais une sorte de patois trivial et grossier. En lui se trouvent combinés les défauts des deux races ; il est violent en paroles et timide dans l'action, positif quand il s'agit de son intérêt personnel, et chimérique quand il discute les affaires communes de sa classe.

Le Même.

LES CLASSES OUVRIÈRES EN BELGIQUE

L'ouvrier belge est insouciant : l'heure présente absorbe toute son attention ; il ne pense guère à l'avenir. Peu d'hommes autant que lui aiment le plaisir, le bruit, l'agitation. A peine sorti de l'atelier, il court au cabaret, boit, crie, jusqu'à ce que, épuisé, la poche vide, il se laisse reconduire au logis domestique. On n'économise jamais qu'en vue de se procurer des satisfactions supérieures, plus vives et plus complètes que celles qui peuvent être atteintes immédiatement. Ainsi l'ouvrier anglais épargne parce qu'il rêve d'habiter un jour une jolie maisonnette, parce qu'il voudrait pouvoir manger de meilleure viande et boire de meilleur ale, augmenter le confort de son *home*, accroître son influence, devenir, en un mot, un gentleman à son aise. En Belgique, le travailleur n'éprouve rien de semblable. Il n'imagine pas une félicité plus parfaite que celle de boire au cabaret et de danser à la kermesse; il ne comprend pas ou du moins ne paraît pas comprendre qu'il pourrait modifier son genre de vie.

La même cause qui l'empêche d'aller chercher fortune au loin, de s'élever et de s'enrichir à force de courage et de persévérance, l'empêche d'améliorer sa condition actuelle. Il ne sait pas prévoir parce qu'il manque d'imagination; il ne sait pas calculer, parce qu'il manque de calme et de prudence. Les femmes du peuple sont ici encore plus imprévoyantes et plus prodigues que les hommes. Elles aiment la parure, non comme les Hollandaises, qui veulent des bijoux représentant un capital, mais comme les Napolitaines et les Espagnoles, qui se couvrent d'objets clinquants dont la valeur réelle est nulle; les jeunes filles portent de lourds pendants d'oreilles qui les font ressembler à des négresses, d'énormes chignons bourrés d'étoupe, des robes voyantes à bon marché, qu'un seul lavage met en lambeaux. Et puis les femmes, comme leurs maris, fréquentent le cabaret.

Dans les provinces du midi, le Hainaut par exemple, la population est encore moins économe qu'ailleurs. Le caractère de la race explique ce phénomène : l'impétuosité du Wallon ne se concilie pas avec les longs calculs de la prévoyance. L'argent s'écoule de ses mains comme la parole de ses lèvres, brusquement, au hasard, au gré des impulsions irréfléchies et soudaines qui le dominent et le dirigent. Les salaires sont élevés dans les districts houillers, et le revenu moyen d'une famille de travailleurs y est plus considérable que dans le nord, car tous les enfants quels que soient leur âge et leur sexe, sont employés dans la mine.

Mais l'aisance, le confort, l'épargne, dépendent avant tout des qualités de la mère de famille. C'est ce qui explique pourquoi la misère est si grande dans le Borinage.

Le Même.

LE HOLLANDAIS

Le Hollandais est réservé, taciturne ; il ne recherche pas les dehors brillants, ni cette joute vive et capricieuse qu'on appelle le langage du monde. En revanche, il aime son travail, ses affaires, l'intérieur de la maison, la vie de famille, et ce n'est pas à nous, peuple frivole, à médire des vertus sérieuses que nous possédons si rarement. Le Hollandais est économe : il semble qu'il inocule de trop bonne heure à ses enfants le goût de l'épargne et l'amour de l'or ; mais songez qu'il ne peut subsister que par son commerce et son industrie. Remarquez que cet argent qu'il amasse péniblement, il le prodigue avec joie, quand il s'agit de consoler quelque grande infortune ou simplement de souscrire pour une œuvre d'art, pour un beau tableau ou pour un livre de prix.

Charles Henry, Revue de l'instruction publique.

FANATISME DE LA PROPRETÉ EN HOLLANDE

Quitte à me répéter souvent, je vous ai parlé plusieurs fois de cette méticuleuse propreté qui donne à la Hollande, entre les autres pays, un caractère absolument spécial. Dans les villes, j'ai vu des marchands parcourir les rues et vendre aux ménagères toutes les poudres et tous les liquides en usage pour le polissage et le nettoiement : émeri pour les fers, rouge de Venise pour l'argenterie, blanc d'Espagne pour les vitres, tripoli et charbon pulvérisé pour les cuivres, briques anglaises pour les planchers, grès porphyrisé pour les dalles de marbre, eau-forte, eau seconde, brosses, peaux, tampons, plumeaux ; une pharmacie et une quincaillerie complètes. J'ai lu, sur des placards, qu'il est interdit aux domestiques de jeter devant les maisons des eaux et des ordures ; j'ai vu des conducteurs de tombereau aller chaque matin frapper aux portes et recueillir, les uns les cendres de tourbe brûlée, les autres les épluchures de cuisine. J'ai vu partout, chez les Hollandaises, un besoin de frotter, de laver, de nettoyer ; j'ai vu partout une inconcevable propreté. Mais, à Broek, cette manie devient furieuse, c'est de l'hystérie. Il est défendu d'entrer dans le village avec des chevaux ou des chiens, dans un but que vous comprendrez facilement. Les rues sont formées de briques de trois espèces : les unes agencées en trottoirs, les autres en bordures, les dernières enfin en chaussée proprement dite. Toutes sont, chaque jour, fourbies et savonnées à la main, les premières avec de larges brosses, les secondes avec des brosses à ongles, les troisièmes avec des brosses à moustaches ; les interstices mêmes sont soigneusement nettoyés avec des cure-dents : on n'y aperçoit pas un brin d'herbe folle, pas une plume d'oiseau, pas un grain de poussière. Le long des maisons, on voit de larges crachoirs de pierre garnis de grès pilé, à l'usage des fumeurs, qui ne peuvent se promener qu'avec une pipe garnie d'un couvercle, et, sous aucun prétexte, jamais avec un cigare allumé, afin d'éviter que les cendres ne se répandent sur ce pays immaculé. Les domestiques sont tenus d'aller le matin, à cinq heures en été, à six heures en hiver, battre les vêtements et cirer les chaussures dans les prairies voisines, à cinq cents pas au moins du village et sous le vent. En automne, des enfants payés *ad hoc* sont chargés de ramasser les feuilles au fur et à mesure qu'elles tombent, et vont les jeter dans des trous recouverts d'un plancher et d'où le vent ne peut les enlever pour les éparpiller de son haleine. Si la salle de la loterie, à la Haye, est le paradis des araignées de la Hollande, Broek en est l'enfer.

Maxime Du Camp, *En Hollande, lettres à un ami.*

UNE ÉCOLE PRIMAIRE DANS LES PAYS-BAS

Je m'attendais à trouver une école de village un peu comme les nôtres. Mais, si l'instituteur de Nieuw-Beerta est un vrai *gentleman*, on peut dire que son établissement est un petit Institut. Il est divisé en quatre classes, que suivent environ deux cent cinquante enfants des deux sexes. Chaque classe, si j'ai bonne mémoire, compte des élèves de première et de seconde année. L'enseignement complet dure deux années, et il est des plus variés. Il comprend en effet la lecture, l'écriture, la grammaire, l'histoire, la géographie, les mathématiques élémentaires. L'école possède en outre un petit cabinet de physique et une salle de dessin, avec des modèles de plâtre pour dessiner d'après la bosse. Quand on sort de là, on a une teinture suffisante de toutes les connaissances utiles. Il s'en faut beaucoup, on le voit, que nos villages français soient aussi heureusement pourvus.....

Henry Havard, *la Hollande pittoresque.*

ZÉLANDE ET ZÉLANDAIS

En Zélande, le costume, les mœurs, tout cela est discipliné et réglementé.

Dès que les enfants savent courir, ils sont vêtus comme le père et la mère.

Le costume des fillettes ressemble à celui de leurs mères dans les plus petits détails. Les galons de fil roide (*stijve langetten*); le petit bonnet, la forme et l'étoffe du corsage, le tablier et les jupons ; les bas, les souliers de velours à boucles d'argent ou argentées ; la plaque ciselée placée sur le front (*hoofdnaald*), les pendants d'oreilles accrochés à des tire-bouchons dorés (*krullenne-bellekens*), le collier de corail ou de grenat à fermoir d'or ; tout enfin est semblable.

Les paysans portent les cheveux longs sur la nuque, un peu plus bas que les oreilles, et formant au-dessus du collet du vêtement un demi-cercle parfaitement horizontal. Les cheveux retombant sur le front sont coupés avec la même régularité à un ou deux centimètres au-dessus des sourcils. Les paysans sont très-attachés à leurs longs cheveux, signe de liberté. Ils ont sans doute de ce fait un vague souvenir. La perte de ses longs cheveux est pour le conscrit le premier signe de la « servitude militaire ».

La mode n'exerce aucune influence sur leur costume. Les prêtres catholiques essayent toutefois de faire abandonner par les paysans leurs pourpoints aux couleurs éclatantes ; les *dominés* protestants ouvrent la même campagne contre les vingt boutons à filigrane d'argent. De leur côté, les filles laissent croître leurs cheveux au bord de leur coiffe, au haut du front, et se moquent de l'offensante et grossière qualification donnée aux boucles brunes ou blondes qui osent se montrer au grand jour.

Ces insurgées préparent une révolution dans le costume, en attendant qu'elle se produise dans les mœurs.

Femmes de la Zélande.

Nous sommes loin du temps où des prêtres calvinistes montaient en chaire avec des ciseaux et des rasoirs, en menaçant de tailler ou de raser les moustaches des hommes et la chevelure des femmes.

Les filles de la bourgeoisie portent les cheveux tombant sur le dos; les dames montrent leur chevelure quand elles en ont, ou empruntent celle qu'elles n'ont pas. Certaines filles du peuple, les dimanches notamment, n'osent pas montrer toute leur chevelure, mais, désobéissantes aux rigoureuses prescriptions du calvinisme, laissent, comme les paysannes, se montrer au bord de la coiffe, au-dessus du front, des boucles révolutionnaires.

Le paysan tient fortement à ses usages; il faudra vingt-cinq ou cinquante ans pour modifier son costume, et un siècle au moins pour transformer ses mœurs.

Charles de Coster, *la Zélande* (*Tour du monde*).

DANEMARK

L'ÉCOLE — LA CIVILISATION DANOISE

J'ai désiré voir l'école Svindinge. Le pasteur, qui en a la surveillance, m'y a mené aussitôt. Nous avons pénétré dans les deux classes, l'une composée des enfants de sept à dix, l'autre des enfants de dix à quatorze ans. Le maître d'école nous a montré les cahiers d'écriture. Les jeunes paysans écrivent mieux ici que les bourgeois de France. Les murs sont tapissés de cartes de géographie très-détaillées et de tableaux d'arithmétique. Les garçons et les filles ont fait leurs démonstrations élémentaires, puis, à ma demande, ils ont fini par un chant. Les Danois sont un peuple musicien. Ces villageois de huit, neuf ou onze ans ont chanté avec un ensemble, un accent et des intonations d'une douceur inconcevable. Ils ont presque tous les cheveux d'un blond d'épis et les yeux d'un bleu pâle comme leur ciel.

La richesse n'est qu'une des branches de la civilisation du Danemark ; elle n'est pas la civilisation entière, il s'en faut. La civilisation du Danemark, et en particulier de la Fionie, c'est aussi son instruction : une instruction générale qui luit même dans la demeure de chaume des paysans, et qui comprend des notions d'agriculture, de géographie, d'histoire, de calcul, de philosophie pratique. La civilisation de ce pays est plus que cela ; c'est encore l'instinct de son honneur national, l'aspiration à la liberté, à la dignité, la bravoure sur terre et sur mer, enfin une merveilleuse identification avec la Bible, ce livre de tous les foyers, cette seconde âme, cette âme traditionnelle, qui, en faisant de Dieu le génie intime de chaque famille, rend un peuple entier religieux, touche en lui la fibre de la conscience et développe le sentiment moral sous tous les toits.

Dargaud, *Voyage en Danemark* (*Tour du monde*).

SUÈDE ET NORVÉGE

LE DIMANCHE EN DALÉCARLIE

Les paysans ont tous revêtu leurs habits du dimanche ; la coupe en est vieille de plusieurs siècles, la mode n'a pas encore pénétré à Lecksand [1].

Ne regrettons pas son absence. C'est une fête pour les yeux que de contempler ces costumes bizarres où le rouge, le bleu, le vert et le jaune se marient avec bonheur, sans se heurter, car l'imagination des paysans dalécarliens est tempérée par le goût et par le sentiment inné du beau.

Quoi de plus gracieux, de plus élégant, que ces longues jupes blanches relevées d'agréments rouges, qui sont le costume et comme l'uniforme des rameuses ?

Ce pourpoint blanc, ouvert sur un justaucorps écarlate qu'un robuste garçon porte avec tant d'aisance, aurait fait rêver jadis notre jeunesse romantique, quand, éprise de la couleur, elle prétendait colorer le costume comme la langue ?

Sommes-nous transportés dans un autre siècle ?

Ce père de famille avec son habit à larges basques, ses souliers à boucles et son jabot de dentelle, n'est-il pas quelque bailli du bon vieux temps, qui juge d'après l'équité plutôt que d'après la coutume ?

Et ces paysannes aux jupes courtes et bariolées, au corsage garni de bijoux, à la coiffure étrange, ne sont-elles pas détachées de quelque missel du moyen âge, époque où l'humanité rajeunie aimait les tons tranchés, les nuances éclatantes, et

---

1. Lecksand est placé sur les bords du lac Silljan. Chaque dimanche on voit arriver de tous les points du lac des barques légères, effilées, peintes en rouge, en bleu ou en jaune, guidées avec agilité par cinquante rameuses.

se sentait attirée vers elles comme un enfant tourne ses yeux vers la lumière?

Les Dalécarliens ont conservé le culte de la couleur; leurs costumes le prouvent, comme leurs habitations, comme les instruments de leurs travaux. Les rames de leurs barques sont sculptées et coloriées, et nous nous rappelions notre étonnement de la veille quand nous rencontrions, au milieu des champs, des moissonneurs portant culottes brodées et bas écarlates, ou des bataillons de faneuses élevant sur l'épaule leur long râteau peint, mi-parti de rouge et de jaune.

Chaque paroisse, chaque famille a ses couleurs favorites; notre hôte nous indiquait en mauvais allemand les habitants de chacun de ces cantons, dont il nous racontait l'histoire, exhumait les souvenirs et énumérait les exploits.....

Les longues pirogues sont venues lentement s'appuyer au rivage; les paysans débarquent, les rameuses sautent légèrement à terre. Chacune d'elles porte un petit paquet qu'elle dénoue sur le rivage, se débarrasse rapidement de sa robe blanche, costume de travail, la remplace par une jupe et une guimpe aussi bigarrées que celles des autres paysannes, entoure son cou de chaînes d'argent, ses poignets de bracelets. La toilette est faite en un clin d'œil, à la face du soleil et des spectateurs.

Dalécarliens et Dalécarliennes se dirigent gravement vers l'église, portant sous leurs bras des missels enluminés; les enfants les précèdent, chantant des cantiques. On dirait plusieurs processions serpentant le long des rampes fleuries du coteau et se rendant au même temple. Le pasteur les attend sur le seuil, revêtu de ses habits sacerdotaux; l'église est trop petite pour contenir les fidèles. Après le service, le pasteur monte sur un tertre et il parle : son auditoire s'assemble autour de lui en groupes pittoresques; nous seuls, avec nos vêtements modernes, faisons contraste au milieu de cette scène qu'on dirait renouvelée d'un autre âge. Mais nous éprouvons un sentiment d'affectueux respect pour ces populations qui, par leur seul aspect, révèlent le calme et la simplicité droite de leur âme, qui ont conservé le culte des tra-

Une noce en Norvège.

ditions, et qui croiraient commettre un sacrilége en touchant à un usage consacré par le temps.....

Albert Vandal,
En carriole à travers la Suède et la Norvége.

UN CAMP DE LAPONS

Il était minuit, le ciel était splendide, nous résolûmes de mettre pied à terre et d'aller faire une visite au camp lapon, le prendre sur le fait et à l'improviste. Le coup d'œil qui s'offrit à nous en arrivant à cet établissement était des plus pittoresques.

Autour de grands feux, se pressaient des centaines de rennes, dont les cornes immenses, se touchant les unes les autres, formaient comme une forêt dans cette autre forêt d'énormes sapins qui faisait le fond du tableau. Deux jeunes Lapons et des chiens faisaient bonne garde autour des rennes. Ces animaux, couchés ou debout, ne semblaient, du reste, nullement songer à faire des escapades. Non loin de là était dressée la tente; ouverte au sommet pour laisser passer la fumée, elle était construite avec des troncs d'arbres recouverts de peaux de renne. Le vieux Lapon et sa femme, avertis par l'aboiement des chiens qu'il se passait quelque chose d'inusité, vinrent nous regarder en se frottant les yeux. Leur toilette avait été bientôt faite : le Lapon se couche tout habillé et ne connaît pas le linge.....

La race des Lapons va toujours en diminuant. Elle est d'origine asiatique ; on le voit bien à la langue et au type de la physionomie de ces petits bonshommes. Ils sont considérés comme les plus anciens habitants de la Scandinavie. Chassés par les Normands des pays cultivés, ils ont continué leur vie nomade dans les contrées que personne ne leur dispute. Les uns sont pêcheurs et habitent le bord de la mer, principalement sur les côtes septentrionales de la Norvége ; les autres sont bergers et parcourent en tous sens les montagnes dont la mousse blanche nourrit leurs rennes et qui sont situées dans ces parages entre les 65° et 71° degrés de latitude. Pendant les trois mois d'été, le Lapon conduit son troupeau sur les hautes régions pour le soustraire aux grandes chaleurs et aux moustiques ; l'hiver, il cherche à se rapprocher des habitations, principalement pour mieux se garantir des loups, ses ennemis acharnés, dont il ne parle jamais qu'avec

Berceau lapon.

un sentiment de haine profonde. La providence du Lapon est son troupeau, qui le nourrit, l'habille et lui procure, par échange, de l'eau-de-vie et du tabac, seuls objets de sa convoitise.

Une famille laponne ne peut cependant subvenir à ses modestes besoins que si elle possède au moins deux cents rennes ; les riches en ont jusqu'à mille. L'hiver, les patins aident les bergers dans leurs courses : ce sont, comme on sait, des planches étroites et relevées aux extrémités, longues de deux mètres. Un bon patineur fait facilement trente lieues ou cent vingt kilomètres en dix heures. La vie indépendante de ce peuple nomade n'est pas sans quelque charme. Habitué, dès son enfance, aux privations, aux fatigues de toutes sortes, le Lapon en souffre peu ; son corps acquiert une vigueur extraordinaire, et la plupart

Un camp de Lapons.

de nos maladies lui sont à peu près inconnues. Lorsqu'en voyage il naît un enfant, la mère le place dans un morceau de bois creux où l'on a seulement ménagé un trou grillé de barres de fer pour y loger la petite tête du nouveau-né ; puis elle met sur son dos cette bûche et poursuit sa course : quand elle s'arrête, elle suspend à un arbre sa chrysalide de bois, que le grillage protége contre la dent des bêtes féroces.

De Saint-Blaize, *Suède et Laponie* (*Tour du monde*).

LA CUISINE CHEZ LES LAPONS

La nourriture des Lapons varie beaucoup, selon les lieux qu'ils habitent. Le long des côtes, aux bords des rivières et des lacs, ils mangent beaucoup de poisson frais, fumé, salé, cru ou cuit. Nous avons en France une sorte d'horreur peu raisonnée pour le poisson cru. Chez les Lapons, où j'ai dû plus d'une fois me résigner à *l'infortune* du pot, j'ai fait aussi l'expérience du poisson cru : avec un peu de sel, il est passable ; avec une cuillerée de vinaigre, il devient appétissant.

Quand ils ont fait une bonne pêche, ils commencent à manger tout ce qu'ils peuvent. Le reste est soigneusement préparé et suspendu à de petits bâtons soutenus par des fourches. Exposé au vent et au soleil, le poisson sèche et durcit : on peut le conserver ainsi pendant plusieurs années. Le plus recherché de tous les mets lapons, c'est une sorte de pâté au poisson, dont la confection est l'objet des plus grands soins. Pour ce pâté, ils choisissent plus particulièrement le brochet, qui abonde dans leurs rivières : ils le font d'abord cuire dans l'eau, puis en tirent les arêtes et le pilent avec des mûres sauvages.....

La cuisine laponne n'a pas une grande diversité de sauces ; elle ignore les artifices des Apicius et des Lucullus, qui lui seraient du reste inutiles. On n'a pas besoin de réveiller l'appétit de gens qui ont toujours faim. Quand le renne vient d'être tué, on le fait cuire dans son propre beurre, après l'avoir haché par petits morceaux ; la chair du renne frais est un peu dure, relevée de goût, avec un fumet de venaison des plus prononcés. Quand le renne a été fumé ou seulement séché à l'air, on le mange cru. Sa langue passe pour le morceau le plus délicat. On la fait rôtir. La graisse et surtout la moelle des os sont un régal délicieux. On fait cuire le sang, et on le prend en guise de potage. Parfois aussi on le garde gelé dans des vessies, et on le retrouve l'hiver comme une précieuse conserve.....

Le Lapon est, comme l'Arabe, à la fois avide et tempérant. Quand il a beaucoup, il mange trop ; quand il n'a pas, il supporte merveilleusement le besoin. Après avoir pris son repas, le Lapon rend grâces à Dieu et serre la main de ses hôtes, de ses amis, de ses parents. Là aussi on retrouve toute la cordialité du Nord.....

. . . .

Louis ENAULT la Norvége.

RUSSIE

LES RUSSES

La jeunesse n'est pas l'enfance. Il est, pour les nations comme pour les hommes, un temps de jeunesse, ou, si l'on veut, de maturité qu'il faut attendre avant de les soumettre à des lois ; mais la maturité des hommes n'est pas toujours facile à connaître : si on la prévient, l'ouvrage est manqué. — Tel peuple est disciplinable en naissant, tel autre ne l'est pas au bout de dix siècles. Les Russes ne seront jamais policés, parce qu'ils l'ont été trop tôt. Pierre avait le génie imitatif; il n'avait pas le vrai génie, celui qui crée et fait tout de rien. Quelques-unes des choses qu'il fit étaient bien, la plupart étaient déplacées. Il a vu que son peuple était barbare, mais il n'a pas vu qu'il n'était pas mûr pour la police ; il l'a voulu civiliser quand il ne fallait que l'aguerrir. Il a d'abord voulu faire des Allemands, des Anglais, quand il fallait commencer par faire des Russes ; il a empêché ses sujets de devenir ce qu'ils pourraient être, en leur persuadant qu'ils étaient ce qu'ils ne sont pas. C'est ainsi qu'un précepteur français forme son élève pour briller au moment de son enfance et puis n'être jamais rien.

Jean-Jacques Rousseau.

Les Russes ne sont pas des barbares, mais une race noble, fraîche, pleine de force et d'esprit, dévouée aux sentiments religieux, aux bonnes mœurs ; mais, dès que leur sang est infecté du poison de la civilisation moderne, leurs vertus nationales disparaissent, et il ne reste plus que l'animal qui est au fond de

120 L'EUROPE ET LES EUROPÉENS.

chaque homme. Alors le Russe apparaît encore plus dégradé que les membres des nations occidentales, qui supportent mieux le poison de la civilisation, parce que ce poison s'est depuis longtemps assimilé à leurs mœurs.

De Haxthausen, Études sur la situation intérieure et la vie nationale de la Russie.

ESPRIT RELIGIEUX EN RUSSIE

Le Russe est essentiellement religieux. De tous les peuples chrétiens, c'est sans contredit celui chez lequel le sentiment des idées religieuses a pris le plus de développement. Sa vie tout entière se passe dans un continuel commerce avec le monde invisible. Plusieurs causes ont contribué et donné à ce côté de son caractère cette prépondérance excessive. L'aspect de son pays est triste : le manteau dont le couvre la nature inspire une indicible mélancolie. Ses immenses forêts sont toutes semblables les unes aux autres; elles sont invariablement formées de bouleaux et de pins. Vous n'y voyez aucune futaie de haute venue, rien qui rompe la monotonie de l'ensemble. Tous les arbres sont petits, rabougris : on pourrait croire que le froid de la température a arrêté la croissance. Ils font à l'horizon un rideau de feuillage noirâtre, d'une accablante continuité. Des tourbières ou des lacs muets, tricolores, sans vie, se coupent de loin en loin. La plaine désespère le voyageur par sa nudité, son uniformité et son étendue. Au fur et à mesure qu'il avance, les limites semblent reculer.

Caillatte, Revue des deux mondes, 1871.

RUSSIE. 121

UN INTÉRIEUR A SAINT-PÉTERSBOURG

Un appartement russe confortable réunit toutes les recherches

Pope russe.

de la civilisation anglaise et française : au premier coup d'œil, on pourrait se croire dans le West-End ou le faubourg Saint-Honoré;

mais bientôt le caractère local se trahit par une foule de détails curieux.....

Les pièces sont plus vastes et plus hautes qu'à Paris. Nos architectes, si ingénieux à modeler des alvéoles pour l'abeille humaine, découperaient tout un appartement et souvent deux étages dans un salon de Saint-Pétersbourg. Comme toutes les chambres sont hermétiquement closes et que la porte de sortie donne sur un escalier chauffé, il y règne une chaleur invariable de 15 à 16 degrés au moins, qui permet aux femmes d'être vêtues de mousseline et d'avoir les bras et les épaules nus. Les gueules de cuivre des calorifères soufflent sans interruption, de nuit comme de jour, leurs trombes brûlantes, et de grands poêles aux proportions monumentales, de belle faïence blanche ou peinte, montant jusqu'au plafond, répandent leur chaleur soutenue là où les calorifères ne peuvent déboucher. Les cheminées sont rares, elles ne servent, quand il y en a, qu'au printemps et à l'automne. En hiver, elles entraîneraient le calorique et refroidiraient la chambre. On les ferme et on les remplit de fleurs. Les fleurs, voilà un luxe vraiment russe! Les maisons en regorgent. Les fleurs vous reçoivent à la porte et montent avec vous l'escalier, les lierres d'Islande festonnent la rampe, des jardinières sur des paliers font face aux banquettes. Dans l'embrasure des croisées, s'étalent des bananiers avec leurs larges feuilles de soie ; des tallipots, des magnolias, des camellias arborescents, vont mêler leurs fleurs aux volutes dorées des corniches.... Des cornets du Japon ou de verre de Bohême, posés au centre des tables ou sur l'angle des buffets, jaillissent des gerbes de fleurs exotiques. Elles vivent là comme en serre chaude, et en effet c'est une serre chaude que tout appartement russe. Dans la rue, vous étiez au pôle; dans la maison, vous pouvez vous croire au tropique.

Théophile Gautier, *Voyage en Russie.*

La perspective Nevski et les voies aboutissant à la grande place où se dresse la colonne Alexandra, ce gigantesque monolithe de granit rose qui dépasse les énormités égyptiennes, présentent un

Traîneaux sur la Néva.

spectacle d'une animation extraordinaire, à peu près comme chez nous l'avenue des Champs-Élysées, lorsque quelque steeple-chase à la Marche fait rouler toute la carrosserie fashionable.

Les troïkas passent avec un frisson de grelots, emportées par leurs trois chevaux tirant en éventail, et chacune d'allure diverse; les traîneaux filent sur leurs patins d'acier, attelés de magnifiques steppeurs, que maîtrisent difficilement les cochers coiffés de leur bonnet de velours à quatre pans et vêtus de leur cafetan bleu ou vert. D'autres traîneaux à quatre places et à deux chevaux, des berlines, des calèches démontées de leurs roues et posant sur des sabots de fer retroussés à leur bout, se dirigent du même côté, formant comme un troupeau de voitures de plus en plus pressé. Quelquefois un traîneau à la vieille mode russe, avec son garde-neige de cuir tendu comme une voile de boute-hors et son petit cheval à crins désordonnés, galopant à côté du trotteur, se faufile dans l'inextricable dédale, frétillant et rapide, éclaboussant ses voisins de parcelles blanches.

Théophile Gautier, Voyage en Russie.

LES COSAQUES DU DON

Les Cosaques vivent dans des villages où maisons et jardins s'enchevêtrent de façon à former une sorte de labyrinthe ; les habitations, couvertes d'une toiture de paille, sont peintes en jaune ; un enclos commun, qui n'a que deux ou trois ouvertures, les enferme tous. Les entrées et les sorties sont d'un accès difficile ; des chiens à mine féroce en gardent les passages, car le campement sert de parc pour les bestiaux, en même temps que de forteresse pour les hommes. Une église, qui n'attire les regards ni par ses dimensions, ni par son éclat, s'élève sur le point culminant du hameau ; les Cosaques des steppes orientaux sont presque tous attachés à l'ancien rite slave. Un troupeau de moutons fait entendre ses bêlements à peu de distance, une file de charrettes et de bœufs s'avance sur la route. Un chasseur, armé de son fusil, traverse le pâturage. De tous côtés l'œil rencontre quelques traces de vie ; la plaine est bien encore monotone et nue, mais l'amour des Cosaques pour les jardins, les clôtures et la couleur prête à la Russie méridionale un charme que l'on ne trouve nulle part dans le nord.

Chaque maison est isolée, entourée de sa cour, de son jardin, de sa pièce de vigne, de sa couche de melons, le tout gardé par

Cosaque du Don.

un gros chien. Le type de la population est le Malo-Russe, au teint jaunâtre, à peu près de la même couleur que celui du Tartare. Ces Cosaques ont les dents très-belles, les yeux animés d'un feu sombre. Jeunes garçons et hommes faits, tous montent à cheval ; les enfants s'y exercent dès le plus jeune âge. Malgré ces mœurs martiales, c'est aux hommes que revient en partie le soin des nourrissons, tandis que les femmes exécutent les travaux les plus pénibles.

Dixon, *la Russie libre* (*Tour du monde*).

LA FOIRE DE NIJNII-NOVGOROD

C'est une chance pour notre curiosité, que d'être arrivés à Nijnii-Novgorod juste au moment de la foire, qui est la plus célèbre d'Europe avec celle de Leipsick ; elle jette une animation extraordinaire dans cette ville déjà fort peuplée, car on assure qu'il y vient plus de cent mille marchands de toutes les parties du monde.

Nijnii-Novgorod est située sur des escarpements très-élevés au-dessus du fleuve ; les différents quartiers de la ville sont séparés par des ravins tellement à pic, qu'il a fallu les relier par des ponts.

La foire se tient dans une grande plaine de l'autre côté du Volga, où le gouverneur habite dans un palais spécial pendant tout le temps de sa durée.

Au moment de notre arrivée, les eaux débordées ne faisaient que rentrer dans leur lit, et des milliers d'ouvriers s'empressaient d'y élever les constructions provisoires qui allaient servir au commerce. La foire n'était pas ouverte : des masses de ballots de marchandises de toute forme et de toute couleur gisaient çà et là pêle-mêle sur le bord du fleuve, sous la garde d'agents spéciaux de police. La foule des marchands et des acheteurs était déjà immense ; on y voyait tous les peuples de l'Orient : Persans, Géorgiens Turcs, Arméniens, Kalmouks, Kirghiz, Hindous,

Foire de Nijnii-Novgorod.

Turcomans, se coudoyant avec des Russes, des Juifs, des Cosaques, des Tartares et des négociants de tous les pays de l'Europe. Une foule de spectacles, de charlatans, de jeux, emplissaient de vastes baraques et formaient déjà un quartier destiné aux plaisirs. Ce que j'y ai vu de plus curieux, sur un théâtre ambulant, c'était un acteur nègre des Antilles qui jouait Othello en anglais, tandis que les autres personnages disaient leur rôle en russe. Cela faisait une cacophonie assez étrange. J'ai trouvé cet acteur noir très-bon (en revenant de Chine, on n'est pas difficile). Il y avait aussi des danseuses bohémiennes, de vraies Zingari, au teint cuivré, qui exécutaient voluptueusement les danses du châle et de l'abeille ; puis une troupe de jeunes musiciennes viennoises, en costume national, vestes blanches et toques noires à plumes blanches, dont les plus âgées, qui avaient douze ans, jouaient des instruments à cordes et à vent, tandis que la plus jeune, enfant de six ans à peine, tapait de toute sa force sur la grosse caisse. Il y avait enfin des ménageries, des hercules, des sorciers, etc., etc. Parmi ces divertissements, une chose attira particulièrement mon attention, tant par son originalité et sa couleur locale que par la bizarrerie et l'incontestable antiquité du chant: c'était un chœur de mariniers du Volga, assis par terre et faisant le simulacre de ramer, sous les ordres d'un chef qui commandait la manœuvre ; celui-ci déclamait une sorte de récitatif, auquel le chœur répondait par des strophes chantées en parties. Il s'agissait des exploits de Rurik et de ses pirates normands envahissant la Moscovie au IXe siècle ; le chant était sauvage, mais bien rhythmé et saisissant. Ce devait être ainsi qu'Homère et les rapsodes allaient chantant jadis dans les villes de la Grèce les exploits des vainqueurs de la malheureuse Ilion.

Mme DE BOURBOULON, *Tour du monde*.

AUTRICHE-HONGRIE

LES MAGYARS

On sait quelle terreur les Hongrois, que l'imagination populaire confondait avec les Huns d'autrefois, inspirèrent aux populations agricoles de l'Europe occidentale. Passant comme un tourbillon sur leurs petits chevaux nerveux, ils ne s'arrêtaient que pour massacrer et brûler, puis disparaissaient aussitôt : on ne savait s'ils étaient des hommes comme les autres. D'après le vieil historien Jornandès, les Huns descendaient des femmes que Filimer, roi des Goths, chassa de son armée parce qu'elles entretenaient un commerce avec les démons. Les peuples de l'Europe occidentale, qui, pendant une partie du moyen âge, eurent à subir les incursions des Magyars, propagèrent des légendes analogues pour justifier leur terreur. Pour eux, ces Hongrois, ces « Ogres », étaient en effet des êtres surnaturels, d'origine diabolique. Une longue dent, semblable à la défense d'un sanglier, sortait du côté gauche de leur bouche ; leur visage, disait-on, était couvert de cicatrices et de difformités provenant des morsures et des entailles qu'avaient faites leurs mères pour les habituer à la douleur et les rendre terribles à voir ; ils aimaient à se nourrir de chair crue, à boire le sang qui jaillit en écumant des blessures ; leur nom, répété par les nourrices dans les heures de veillée, épouvante encore les petits enfants. Il est en effet vrai que, pendant le premier siècle de leur séjour en Europe, les Hongrois, fiers de leur bravoure et de la terreur qu'on avait d'eux, aimaient à parcourir l'Europe en excursions de pillage.....

De son passé, le Hongrois a gardé la libre allure, le geste

Magyars

digne, le regard droit et fier. Il a une très-haute idée de sa race et se sait noble, puisque la noblesse était autrefois le privilége des hommes libres ; aussi emploie-t-il volontiers des formules de politesse révérencieuse, qui d'ailleurs ont perdu leur sens primitif : il parle à son camarade en lui donnant le titre de « Ta Grâce ! » Le mot *becsülel* (honneur) revient constamment dans son langage ; tout ce qu'il fait doit être digne d'un galant homme. Très-brave, il aime à redire les hauts faits de sa nation, à réciter les grands exploits de guerre ; mais souvent il est naïf aussi ou plutôt insouciant, et l'Allemand, le Juif, réussissent facilement à le tromper, en le prenant par les hauts sentiments, car, de tous les peuples de l'Europe, il est celui qui a le plus la passion du grand. « Mon peuple périra par l'orgueil », disait Szechenyi, le « grand comte », qui devint fou de chagrin en voyant, en 1849, la Hongrie s'engager dans une voie qu'il croyait fatale à son pays. Mais, si le Magyar est trop fier pour être habile, il se distingue par une singulière âpreté juridique et défend le droit écrit avec une ténacité d'Anglais. Très-passionné pour sa patrie, il chérit son Danube, sa Tisza, sa plaine uniforme et sans bornes. « Hors de la Hongrie, la vie n'est point la vie », dit un de ses anciens proverbes. « N'avons-nous pas tout ce qu'il faut à l'homme ? Le Banat nous donne le blé, la Tisza le vin et la viande, la montagne le sel et l'or. Notre terre nous suffit ! »

Élisée Reclus, *Nouvelle Géographie universelle*.

LA BOHÊME ET SES HABITANTS

La Bohême est le pays de l'Autriche qui a la population relative la plus considérable. Trois nations principales composent cette population : les Tchèkhes ou Bohêmes (de famille slave), les Allemands et les Juifs. Les premiers forment les deux tiers des habitants du royaume; les Juifs peuvent être évalués à soixante mille.

L'habitant de la Bohême est robuste, laborieux; d'une taille généralement moyenne. Il offre beaucoup d'exemples de longévité. Sous le rapport moral, l'Allemand et le Tchèkhe diffèrent autant que par leur langage; ils ne se ressemblent que par leur fidélité à remplir les devoirs de la religion, par leur dévouement pour le souverain. Ce qui distingue le Slave de l'Allemand, c'est le soin qu'il prend de ses propriétés et le désir constant qu'il montre d'en acquérir; il est moins laborieux, moins susceptible d'attachement et de fidélité dans ses affections, plus disposé à rechercher la société et les sujets de dissipation. Il se pique d'une grande prudence et se montre ordinairement méfiant, surtout dans ses rapports avec l'Allemand, qu'il regarde toujours comme une sorte d'ennemi. L'habitant des montagnes a pour caractère distinctif une sorte d'aptitude aux arts, et une noblesse, une fierté dans les sentiments, qu'on observe rarement chez l'habitant des plaines. Partout règne une sorte de sobriété. Le Juif, plus sobre encore que les autres habitants, semble se priver de la nourriture nécessaire; sa maigreur seule suffirait pour le faire reconnaître.

Malte-Brun, Géographie universelle.

ALLEMAGNE

LES ALLEMANDS ET LE CARACTÈRE GERMANIQUE (CITATIONS DIVERSES)

Pour bien comprendre le génie allemand, il faut parcourir les sentiers des antiques forêts, analyser les jeux de la lumière et de l'ombre réparties sans'ordre et sans gradation, coupant des perspectives bornées et étroites, donnant à un objet restreint un éclat qui contraste avec l'obscurité voisine. Il faut, sous les arbres séculaires, écouter les sons répercutés par mille échos, se divisant et mourant dans les taillis, changés en frissonnements dans les feuilles du tremble, en soupirs dans les rameaux de sapin, en murmures harmonieux dans les ruisselets qui courent entre une double rangée d'iris et de salicaires. Il faut encore respirer l'âcre parfum des feuilles tombées ou l'arome enivrant des merisiers en fleur. Alors on comprend le culte de la nature et l'espèce de druidisme qui se maintiennent dans la littérature allemande ; on comprend la passion de Gœthe pour l'histoire naturelle ; on entrevoit une signification au poëme de Faust ; on s'imprègne de mélancolie, on devient ami de ce qui est doux, triste, mystérieux, fantastique, irrégulier et original.

Ainsi rapproché de la nature, l'Allemand est naïf et primitif ; il a l'intuition de l'enfance des choses. Il sait remonter au passé et retrouver les premiers âges ; il n'a pas la prescience de l'avenir, il résiste au progrès. S'il marche vers l'égalité et vers l'unité, c'est sous l'impulsion de l'idéal des Latins. En lui se trouve une résistance qui tient à sa nature patiente et froide. Ses actes s'opèrent avec lenteur. Sa langue est à peine formée ; sa littérature, débordant d'imagination, manque d'élégance et de pureté : elle n'est pas mûre pour la prose, elle ne sait pas faire un livre.

Les arts plastiques de l'Allemagne possèdent aussi la naïveté et la variété, fruits de l'imagination; mais ils ignorent la proportion, la pureté du style et l'élégance ; ils ne savent coordonner ni les lignes ni les couleurs; souvent ils tournent au grotesque ou sont imprégnés de lourdeur et de pédanterie; on sent qu'ils ne procèdent pas des fils du soleil.

Les Allemands ont une oreille merveilleuse pour apprécier les sons et traduire en mélodies les mouvements fugitifs de l'âme.

Celui qui possède une constitution forte et tenace doit à ses moyens d'action l'énergie et la volonté. Ses projets ne sont pas conçus à la légère; ils ne sont pas abandonnés sans de graves motifs; ils sont souvent poursuivis à travers mille obstacles. De là cette activité patiente et continue de l'Allemagne, qui réussit dans toutes les industries, malgré son morcellement et les empêchements résultant de sa constitution politique.

Où les hommes sont laborieux, patients et économes, on doit s'attendre à voir la famille s'organiser et prendre son influence décisive sur les mœurs nationales.

Dr Clavel, *Les races humaines et leur part dans la civilisation.*

Il est facile de porter un jugement sévère sur un peuple, quel qu'il soit, quand on l'étudie dans ses relations d'intérêts, dans ses passions et ses plaisirs; mais il est plus équitable de le juger en prenant comme types du caractère national les hommes qui savent échapper à la médiocrité du milieu pour développer leur force native et révéler en eux les vertus restées latentes chez leurs voisins. Il est certain qu'en se plaçant à ce point de vue, on doit accorder au peuple allemand un sens profond de la nature, un rare instinct poétique, une grande force de volonté, une singulière persévérance, un dévouement naïf et sincère à la cause embrassée. Mais il se laisse facilement entraîner vers *les extrêmes ;* son amour peut se changer en mysticisme, le sentiment devenir chez lui sensiblerie, la politesse se transformer en règles d'étiquette, la joie de vivre dégénérer en arrogance, la colère s'amasser en fureur, le ressentiment se perpétuer en rancune. Avec toute sa volonté, sa ténacité, sa force, l'Allemand a moins de personnalité que le Français, l'Italien ou l'Anglais; il se laisse plus facilement influencer par les mouvements d'opinion et les alternatives des événements; il aime à se mouvoir par grandes masses, il se plaît à suivre la méthode, même dans les folies, et la discipline lui est facile. En aucun pays du monde le devoir n'est aussi fréquemment confondu avec la consigne.

Élisée Reclus, *Nouvelle Géographie universelle*.

Depuis quarante années, les Allemands ont ce que j'appellerais la maladie du « cosmos ». Ils veulent tout expliquer, à commencer par l'inexplicable; tout comprendre, même l'incompréhensible; tout saisir, tout étreindre, même l'infini. Chaque année, il se publie à Leipzig douze histoires universelles, quand la France n'en a pas encore, et vingt traités ontologiques, lorsque nous n'en écrivons plus. Ils vous rendent compte de Dieu, de la création et de l'âme, de l'absolu, de l'être et du devenir, sans plus hésiter que si tout cela ils l'avaient vu et touché, pesé dans leurs balances, soumis au scalpel et au microscope. C'est une très-noble tendance, mais fort téméraire et du reste sans grandes conséquences. Qu'y a gagné l'Allemagne? Une mêlée furieuse de systèmes qui, semblables aux vases de terre de Gédéon et de ses trois cents braves, se sont heurtés et brisés les uns contre les autres, avec cette différence que la lumière n'était pas au fond et n'a point jailli pour éclairer le monde.

Les peintres allemands sont aussi atteints de ce mal du « cosmos ». Leurs tableaux sont bien plus chargés d'idées que de couleurs. A force d'analyser un sujet, ils l'épuisent. Ils ne mettent pas plus de perspective dans leur pensée qu'il n'y en a quelquefois dans leur dessin. Ils n'ont ni des idées ni des scènes de premier, de second et de troisième plan. L'unité manque comme la clarté, et regarder ces tableaux est rarement un plaisir, parce que c'est toujours une étude laborieuse. Voulant peindre des abstractions, il leur faut recourir aux symboles, et ils reprennent dans l'art ce que nous sommes si heureux d'avoir chassé de la poésie, l'allégorie, toujours si froide.

Avec la philosophie, l'érudition, ces artistes ont une science désespérante : leurs tableaux sont d'excellents manuels d'archéologie.

V. Duruy, De Paris à Bukarest (Tour du monde).

DIVERSITÉ DU CARACTÈRE ALLEMAND

Le caractère prussien, qui domine aujourd'hui dans la politique, n'est pas le caractère allemand ; car la Prusse n'est pas une nation, c'est un système. « Le royaume de Prusse, a dit un Prussien, est une espèce d'horloge qui s'arrête dès qu'une roue est dérangée. » Une fois le mécanisme détraqué, le caractère politique actuel disparaîtra.

Quand il s'agit des Allemands, il faut faire comme les médecins, il faut distinguer. Ce qui s'applique à telle province ne s'applique pas à telle autre ; l'individualisme n'est nulle part développé comme au delà du Rhin.

Entre les Allemands du Sud et les Allemands du Nord, la différence est presque aussi grande qu'entre les Italiens et les Anglais. Il y a contraste dans la nature et contraste dans les mœurs, contraste dans la religion, les idées et le caractère. Le Nord a d'autres origines, d'autres traditions, un autre tempérament.

Victor Tissot, les Prussiens en Allemagne.

LA FEMME ALLEMANDE

Grâce à la femme, la bourgeoisie allemande s'est policée et est devenue sociable, hospitalière aux étrangers, et dans ces pays du sud, où les jouissances matérielles ont toujours été préférées aux jouissances morales, elle sait faire équitablement les deux parts. Les professeurs d'université reçoivent leurs élèves dans leur famille ; on boit de la bière, on joue du piano, on discute, et quelquefois on danse. Ces soirées sont d'une simplicité charmante, et c'est là qu'on retrouve l'Allemagne que nous avons tous aimée, cette Marguerite au front chaste que Faust et Méphistophélès n'ont pas encore touchée.

La femme au delà du Rhin n'a cependant jamais joué le rôle brillant de la femme française. Elle n'a pas de distinction, elle n'a ni les élégances de l'esprit ni celles de la toilette. On peut dire que la femme allemande manque de cachet. Celle qui est cultivée a toujours l'air d'une maîtresse d'école. Elle répète ce qu'elle a appris. Jamais une saillie, un trait original. Elle est vulgaire, sans tenue ; les princesses elles-mêmes, dans un salon ou une réunion, rient aux éclats comme des filles de portière.

La femme allemande, dans les campagnes, joue un rôle qui rappelle parfois celui de la matrone romaine. Dans les grandes fermes de paysans, la mère de famille se tient sur un siége élevé au milieu de ses filles et de ses servantes, afin de surveiller le mouvement de l'intérieur et le travail de la domesticité. Chez le paysan pauvre, par contre, elle remplace la bête de somme et s'attelle au chariot. La femme du peuple s'astreint aux mêmes travaux pénibles et durs que l'homme. En général, la femme, dans le ménage bourgeois ou noble, est la première servante Les écrivains moralistes allemands ont appelé cela « lui donner sa vraie place, en développant ses aptitudes domestiques et en faisant la mère de famille et la mère modèle » La femme prend de la sorte le gouvernement de la maison.

La vie de famille, comme on l'entend en France, les intimes causeries au coin du feu, la réception des amis, n'existent pas en général en Allemagne. J'ai cité les maisons de professeurs ; c'est une exception. L'Allemand n'a que le goût de la vie d'auberge. Dans le sud et dans le nord, les femmes accompagnent les hommes au cabaret. Que de fois j'ai vu à Munich, le dimanche soir, toute une famille revenir de la brasserie, le père en tête, le chapeau de travers, faisant le moulinet avec sa canne, et chantant. La mère venait ensuite, donnant les symptômes d'un violent mal de mer. La bonne portait en trébuchant un nourrisson dans ses bras, et les enfants, restés en arrière, se battaient entre eux.

Victor Tissot, les Prussiens en Allemagne.

CIVILISATION EN ALLEMAGNE

Le développement de la civilisation a été ici lent et tardif ; la brutalité des mœurs allemandes a été proverbiale en Europe pendant des siècles. Cependant, quand sous cette apparence si grossière on recherche la marche comparative des deux éléments fondamentaux de la civilisation, on trouve que le développement intellectuel a toujours devancé et surpassé en Allemagne le développement social, que l'esprit humain y a prospéré beaucoup plus que la condition humaine.....

Guizot, Histoire de la civilisation en France.

Une brasserie à Munich.

L'ÉMIGRATION ALLEMANDE

Une tendance telle que l'émigration, qui se manifeste par des phénomènes aussi persévérants et aussi généraux, ne saurait s'expliquer par des causes locales et temporaires : elle dérive de l'essence même du caractère allemand. A l'instar de certains animaux et de certains hommes, la race germanique est douée de l'instinct de migration. Il semble que le rôle des Germains dans le monde consiste à recevoir de la main d'autrui des ébauches de colonisation pour les achever, en y introduisant le travail des champs, la famille, la commune, la religion, l'honnêteté, la gravité, tous les signes d'une société régulière. D'autres font le cadre, ils le remplissent. Les Allemands, initiateurs de seconde main, ne fondent aucune colonie nationale ; mais ils fécondent, par leurs aptitudes propres, les colonies créées par d'autres. Dans cette carrière, l'Allemagne se montre l'auxiliaire et la sœur de la Grande-Bretagne, à laquelle l'unissent des origines communes.

Cette inclination naturelle à la dispersion au dehors est moins combattue en Allemagne qu'ailleurs par le culte de la patrie. Tandis que les peuples de race latine personnifient la patrie surtout dans le pays lui-même, symbole matériel et chéri de l'unité invisible des âmes, chez les Germains, comme chez les Sémites, la famille et la tribu sont la patrie, plutôt que l'État, plutôt que le sol ; avec elles, ils ne se sentent nulle part exilés.

. . . .

JULES DUVAL, *Histoire de l'émigration*.

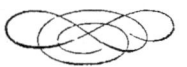

LA FÊTE-DIEU A MUNICH

Le caractère d'un peuple qui pousse aussi loin le culte des formes extérieures que les Bavarois se révèle tout particulièrement dans ses fêtes religieuses. En aucune ville allemande, si ce n'est à Vienne, la Fête-Dieu n'est plus somptueuse qu'à Munich. Louis Ier avait fait de la procession qui parcourt ce jour-là les rues une sorte de cortége théâtral et artistique. Il y avait introduit des pénitents de toutes couleurs, des chevaliers de Malte, des croisés. A la suite des discussions qui agitent l'Allemagne politique et religieuse, la fête a perdu une partie de son éclat, mais c'est encore un grand et beau spectacle. On place des arbrisseaux devant chaque maison ; les façades sont décorées de tapis et de guirlandes ; des images saintes sont exposées sur les fenêtres entre des bougies allumées ; les rues sont recouvertes d'un parquet et jonchées de fleurs. La troupe fait la haie. Les cuirassiers, sur leur haute monture, sabre au poing, sont échelonnés devant le palais du roi. Les cloches sonnent à toute volée, le canon tonne, la musique éclate. En tête s'avancent les différents corps de métiers, avec leurs insignes et leurs bannières. Voici d'abord des drapiers en costume du xvie siècle, puis les tanneurs, les cordonniers, les brasseurs, les tailleurs, les ramoneurs, les tonneliers, etc. Ils sont suivis des élèves de toutes les écoles de la ville, les petites filles en robe blanche avec des nœuds roses, les petits garçons en noir avec des gants blancs. Puis viennent les congrégations, les membres des diverses confréries, en chapeaux et manteaux de pèlerins ; les sœurs de charité, les internes des hôpitaux, les capucins avec leur croix colossale, les franciscains et les dominicains. Le clergé des paroisses de Munich et les chantres de la chapelle royale précèdent l'archevêque, qui s'avance sous un dais, avec un ostensoir d'or étincelant de pierreries. Immédiatement après lui marchent le roi, les princes royaux, les ministres, les employés supérieurs, les porfesseurs universitaires dans leur longue robe de docteur, le conseil municipal, etc. La foule suit, tête nue, en priant à haute voix. Cette prière générale et publique, récitée sur un certain rhythme, est une chose grande et touchante. Quatre reposoirs s'élèvent sur le parcours de la procession ; à son passage, tout le monde est tenu de se découvrir et de fléchir le genou sous peine d'amende.....

. . . .

Victor Tissot, les Prussiens en Allemagne.

L'USINE KRUPP A ESSEN

Nous entendîmes un coup de sifflet.
— C'est le signal. Regardez !
Je vis tous les ouvriers à leur poste ; ils étaient environ huit cents. Les uns se tenaient près des fours, comme des artilleurs à leurs pièces ; les autres, divisés par escouades, étaient armés de pinces.

Nous entendîmes un commandement qui fut répété dans toute la halle par les contre-maîtres.

Aussitôt les fours sont découverts ; l'ouvrier conducteur de la fusion saisit le creuset avec une pince dont il accroche la tige recourbée à une barre de fer que lui présentent deux ouvriers qui la portent sur leurs épaules. Ceux-ci déposent le creuset à quelques pas derrière eux. D'autres ouvriers, marchant militairement deux par deux, l'enlèvent au moyen d'une pince double, et versent le creuset, retenu par une ceinture de fer, dans un des canaux qui leur est assigné. Le métal brûlant s'écoule vers la cuvette, en passant par le récipient qui en régularise la descente.

Les ouvriers jettent alors leur creuset vide dans les caves, par un entonnoir ; ils trempent dans l'eau leurs instruments et les longues manches de toile avec lesquelles ils se garantissent les mains et les bras; puis ils vont se remettre en rang, à la file les uns des autres.

Toutes ces manœuvres, qui demandent infiniment de précaution et surtout du sang-froid, se font avec une précision admirable et au milieu du silence le plus complet. On n'entend que les commandements et les cris d'appel poussés par l'équipe pour avertir les chauffeurs qui se tiennent dans la galerie souterraine de découvrir les creusets.

— Dans deux heures, me dit mon guide en me conduisant plus loin, le liquide sera condensé. On attachera le bloc avec des chaînes, on l'enlèvera avec une grue, et la grue, placée sur des rails, l'apportera dans l'atelier spécial où il doit être travaillé.

— Quelle est la dimension ordinaire des lingots?

— Elle varie entre soixante et trente-sept mille kilogrammes... Mais nous voici à la tour, attendez-moi, je vais parler au gardien.

La tour à eau est une construction octogone de soixante mètres de hauteur; elle renferme à son sommet un réservoir de cent cinquante tonnes. L'eau qui est amenée au pied de la tour par des canaux de six kilomètres, provient des grands lacs artificiels formés par l'épuisement des mines de houille. Des pompes à vapeur font monter cette eau dans la tour, et, une fois dans le réservoir, elle est chassée par son propre poids dans toutes les directions de l'usine.

J'ai compté cent quatre-vingts marches jusqu'à la lanterne de la tour. On se croirait au haut d'un phare. L'horizon est brumeux comme celui de la mer; les pentes sombres et boisées des montagnes lointaines présentent l'aspect sauvage d'un pays inexploré; la plaine, qui se déroule terne et noire, ressemble au bassin d'un immense lac subitement desséché. A distance, on prendrait les usines qui fument çà et là pour des paquebots échoués, et ces longs trains qui se déroulent en ondoyant, pour des serpents monstrueux.

Mais l'intérêt n'est pas au loin, il n'est pas même devant vous, il est à vos pieds. Vous n'avez qu'à baisser la tête pour embrasser d'un seul coup d'œil cette vaste usine, d'où l'empire allemand est sorti, en 1870, comme d'une caserne infernale.

La suprématie militaire de l'empire n'est pas à Berlin, elle est à Essen.....

Ce qui frappe avant tout, c'est le chemin de fer de ceinture ; il trace comme un cercle magique autour de la cité mystérieuse ; il jette de tous côtés de grands rayonnements de rails. Et quel

L'usine Krupp à Essen

tohu-bohu de locomotives, de wagons, de machines qui roulent, qui apparaissent et disparaissent sur ces lignes ferrées aussi emmêlées que des écheveaux. On a le vertige.

— Les bâtiments qui s'étendent du côté de la ville, me dit mon guide, sont les ateliers pour la fabrication des canons. Tournez-vous et écoutez...

— Des coups de canon !... On a fait des essais ?

— Non ; c'est le gros marteau de cinquante mille kilogrammes qui fonctionne. C'est le plus grand du monde ; il a coûté deux millions et demi. Celui du Creuzot n'est que de douze mille kilogrammes, et les Anglais n'en ont pas qui dépassent vingt mille. Il est soutenu par trois fondations gigantesques : une de maçonnerie, une de tronc de chêne venant de la forêt de Teutoburg, et une autre de bronze, formée de cylindres solidement reliés entre eux. Il est mis en mouvement par des machines à vapeur et forge des blocs de quatre cents quintaux. Les lingots d'acier que les grues apportent, dans leur bec, des halles où se font les coulées, sont de nouveau chauffés dans un four *ad hoc*, puis jetés sur l'enclume. A un signal du contre-maître, le gros marteau descend doucement comme pour marquer la place où il va frapper ; il remonte, se laisse brusquement tomber : on dirait que la foudre éclate devant vous, et de loin on entend ce grondement que vous avez pris pour celui du canon ; les étincelles jaillissent comme un immense feu d'artifice ; l'acier est broyé, réduit en pâte. Enfin, cette masse informe prend peu à peu un corps, elle s'allonge, elle s'arrondit, le marteau la frappe encore, et il en naît un canon. On couche le nouveau-né dans un berceau de cendres, où il se refroidit graduellement ; il ne reste plus qu'à l'inscrire sur le registre de l'état civil de l'usine, à le fourbir et à essayer sa puissance de dévastation. »

Victor Tissot, *les Prussiens en Allemagne*

SUISSE

LES SUISSES (CITATIONS DIVERSES)

Malgré les différences de races, de langues, de religions, de constitutions locales et de mœurs, les Suisses des divers cantons ont en général beaucoup de traits communs qui les distinguent des autres peuples de l'Europe. Comparés à leurs voisins, surtout à ceux du versant méridional des Alpes, ils ne se font remarquer ni par la beauté du visage, ni par l'élégance de la démarche; ils n'ont point le charme qui séduit, les qualités brillantes leur font défaut; mais ils ont la force. Le type le plus connu du Suisse est celui d'un homme aux traits largement sculptés, à la puissante carrure, à la marche un peu lourde, mais à l'œil clair et à la main solide. Le Suisse est lent, mais il est tenace. Il ne se laisse point détourner de son œuvre par de soudaines fantaisies, mais, au besoin, il sait parfaitement utiliser les bonnes idées qui lui viennent d'ailleurs. En toute chose il vise à la réalisation pratique, et l'un des avantages qu'il a su conquérir est celui d'une liberté matérielle plus grande que celle de tout autre Européen. Parmi les nations, c'est le peuple suisse qui s'est rapproché le plus de l'idéal purement politique, du gouvernement direct par les citoyens.

C'est en grande partie à la nature que les Suisses sont redevables de leurs libertés politiques et du maintien de leur indépendance nationale : les montagnes, les lacs, les vallées tortueuses ont fait autant que leur vaillance et que la force de leurs bras pour les mettre au premier rang parmi les peuples libres. Pendant le moyen âge, presque toutes les populations que protégeait une ceinture de marécages, de grandes forêts ou de rochers difficiles à franchir, surent en profiter pour se gouverner elles-mêmes ; mais nulle part, si ce n'est en Suisse, les barrières n'ont été suffisantes pour qu'il fût possible de maintenir à leur abri l'indépendance acquise.

Élisée Reclus, *Nouvelle Géographie universelle.*

On a beaucoup vanté, peut-être avec un peu d'exagération, la pureté des mœurs de la Suisse. Voici ce qui s'y passe et ce que l'on remarque partout. Dans les cantons où l'éducation est florissante, où l'industrie est une source d'aisance, les visages sont riants et le peuple est heureux. La religion y exerce une douce influence ; l'esprit d'union et de tolérance y est répandu dans tous les rangs : on voit fréquemment le même temple réunir deux cultes différents. Les Suisses recherchent peu les plaisirs de la société, mais ils goûtent avec plus de charmes les jouissances de la vie intérieure : dans la bourgeoisie on pourrait citer bien des exemples de morale, de vertu et de fidélité, souvent trop rares dans les pays où les sensations sont moins concentrées, où les plaisirs sont extérieurs. Les hommes se réunissent, mais c'est pour causer, fumer et se promener de long en large dans une chambre, où trois chaises sont plus que suffisantes pour une réunion de douze personnes. En Suisse, chaque individu se présente sans fard, avec des manières et à des allures à soi. C'est ce qui fait dire à Meister, auteur zurichois : « Aux concerts, à l'église, dans tous les rassemblements un peu nombreux, mais surtout au spectacle, qui, pour n'être permis que rarement chez nous, n'en est que plus suivi, il est impossible qu'un œil observateur ne remarque pas avec surprise la prodigieuse diversité des physionomies qu'offrent les têtes de tout âge, et très-particulièrement celles des jeunes personnes, l'extrême mobilité de leurs traits, l'ingénuité comme la vivacité de leur expression. »

Dans tous les rangs, l'amour du travail, la bravoure, l'attachement au pays et le respect pour les anciennes coutumes forment

Montagnards Suisses.

les principaux traits du caractère national. La masse du peuple est plus éclairée que partout ailleurs : dans quelques cantons, non-seulement les gens aisés, mais les paysans, aiment la littérature et les arts. Cependant l'esprit humain est un composé bizarre de tant de contrastes, qu'il ne faut pas s'étonner que, dans cette contrée où toutes les libertés se sont établies depuis plusieurs siècles, certaines questions d'un haut intérêt n'y soient point comprises. La bourgeoisie, par exemple, y jouit encore de grandes prérogatives : on peut en obtenir les droits moyennant une somme plus ou moins considérable, et qui varie selon l'importance des lieux.

Des costumes particuliers, dont l'origine remonte à plusieurs siècles, ont distingué pendant longtemps les cantons; quelques États mêmes ont des lois somptuaires. C'est une mesure sage, dans un pays où la simplicité des mœurs entretient l'esprit d'indépendance et de liberté. Les jeux de hasard y sont défendus, mais les exercices d'adresse et de gymnastique, comme la lutte, la course et le tir, sont les amusements journaliers de la jeunesse. Bien que la Suisse ne soit point une nation poétique, de tous les arts qu'on y cultive, celui dont le goût paraît le plus répandu, c'est la musique.

Malte-Brun, Géographie universelle.

LE MONTAGNARD SUISSE

La nature agit sur l'homme à sa façon, et l'homme, à son tour, réagit sur elle, jusqu'à ce que ces deux grandes forces du globe arrivent à se ressembler, comme se ressemblent chaque année davantage un homme et une femme qui vivent en paix ensemble. Au milieu des vignes et des oliviers des jardins italiens, vous trouvez une race douce, poétique, phosphorescente, si je puis m'exprimer ainsi ; aussi pleine de feu qu'amoureuse de changements. Au milieu des pins et des glaciers du Valais, les hommes sont durs, patients, muets ; aussi lents à s'emporter, à éclater, qu'ils sont difficiles à plier et à briser.

Dans tout pays, autant que j'ai pu en juger, les montagnards sont un peuple libre, pasteur, constant. Les hommes des villes les trouvent rudes, se figurent qu'ils sont chagrins. Tous les montagnards sont attachés au passé, ils suspectent tout ce qui est nouveau, mots et choses ; ils s'endurcissent, comme les collines dans lesquelles ils passent leur vie. Leurs lois fondamentales sont en petit nombre et le résultat d'une lente formation ; mais ils y tiennent d'autant plus que cette période de formation a été plus lente. Les montagnards conservent leurs anciennes coutumes.

Tournez les yeux où vous voudrez ; prenez collines et montagnes ; passez du Snowdon et du Ben-Nevis aux Pyrénées, au Montenegro et aux Alpes Juliennes, partout vous verrez régner cette loi ; partout les montagnards redoutent ce qui est nouveau et étrange ; partout, au contraire, les peuples qui habitent les plaines et le bord de la mer sont tout disposés à changer chaque année de lois, de croyances. Les montagnards de la Judée ont gardé leur foi, les tribus du Jourdain et d'Esdrelon l'ont abandonnée. Ces Mèdes, qui jamais n'ont modifié leur législation, descendaient du Caucase, ces Alpes Caspiennes ; ces Grecs, qui chaque jour couraient après quelque chose de nouveau, vivaient au bord de la mer Égée.

Dixon, *la Suisse contemporaine*.

LA FEMME GÉNEVOISE

Les femmes font une partie très-importante de la société génevoise. Les mœurs leur ont donné une haute position, et elles la maintiennent par la vertu et le savoir ; elles savent s'honorer réciproquement ; elles se soutiennent, et ignorent les vanités et les compétitions qui ailleurs mettent leur sexe à la discrétion des hommes. Une éducation soignée, l'habitude des fortes lectures, en font les égales et souvent les supérieures de leurs maris ; elles pèsent sur leur conduite, influent sur leurs opinions et leur attitude au milieu des partis.

Comme les hommes, et plus encore, elles ont une volonté arrêtée, un caractère décidé, des vues précises; elles aiment les luttes intellectuelles, se pressent aux amphithéâtres des cours et se passionnent sur les questions de politique, de morale, de religion. Si cette ardeur n'était contenue par la crainte de se commettre en public, elles joueraient des rôles extérieurs, car elles accusent fortement leurs opinions et ont la volonté de les faire prévaloir. Elles représentent plus fidèlement que les hommes la tradition génevoise. Ceux-ci puisent leurs idées à des sources diverses et souvent opposées aux mœurs de Genève. Au dehors, les femmes génevoises ne connaissent que l'Angleterre méthodiste; elles se nourrissent de sa littérature.

Protestantes ardentes, ce sont elles qui de concert avec les ministres soutiennent le calvinisme; elles dogmatisent; telle, dans sa maison, tient une académie de théologie et une académie féminine. Les femmes génevoises savent ce qu'elles veulent et parlent au nom des grands intérêts de la religion ; elles imposent aux hommes, qui s'effacent et plient. Elles aiment les formules précises et se créent sur chaque sujet de petites orthodoxies, dont l'acceptation est nécessaire à qui veut avoir part à leur estime. Cette tournure d'esprit doctrinaire nuit au sentiment; la sympathie chaude et vivante n'y a pas sa part; la femme y perd de ses attributs distinctifs, la vive sensibilité, l'émotion, l'élan du cœur.....

Rodolphe Rey, Genève et les rives du Léman.

LES VAUDOIS

Le peuple vaudois offre un singulier mélange de sensualité brutale, de jovialité crue et de spiritualité, de dévotion raffinée et mystique. On dirait deux peuples, celui de la chair et celui de l'esprit, mêlés, confondus ensemble. On retrouve ces extrêmes dans les rangs les plus élevés, comme dans les plus humbles. Chaque village a ses âmes sérieuses, travaillées par des besoins de piété, et réunies en petites fraternités religieuses. Dans les lieux les plus écartés, on rencontre des intelligences supérieures, sortes de philosophes rustiques, ayant scruté les hautes questions morales, versés dans la littérature et les sciences. Mais on les remarque peu ; certaine insouciance native, certaine gaucherie, la crainte des quolibets, le goût de s'effacer, de vivre à part et d'observer en silence retient les hommes supérieurs confondus dans la foule. Tel fossoie sa vigne ou taille les arbres de son verger sans regarder au delà. Mais qu'une circonstance imprévue les tire de cette inertie, et l'on est surpris du sens, de la finesse, des vues déliées, de la réflexion que ces hommes savent déployer. Dans les maisons des cultivateurs vaudois, à côté du sac de graines, il y a la niche aux livres. L'hiver, alors que le sol, couvert de frimas, rend le travail impossible, les livres et les journaux circulent; on les lit à la veillée et chacun dit son mot. Telle mère, en tissant une pièce de toile, fait de judicieuses réflexions. On rencontre dans tous les états un contingent de familles ordonnées, laborieuses, vivant dans la crainte de Dieu. Satisfaites de l'aisance que donne le produit des champs, elles ont du temps pour les choses de l'esprit et maintiennent un niveau moral qui contient le débordement de la matérialité.....

. . . .

Le Vaudois abonde en idées de détail ; il excelle à disséquer une situation, à en reconnaître le fort et le faible, mais il a peine à se décider.

Un extérieur gauche, embarrassé, une parole difficile, le font paraître à son désavantage. A voir telle figure effacée, aux traits mal débrouillés, ne remuant pas, ne parlant pas, on s'étonne d'y découvrir tant de fine observation, d'érudition bien digérée, de vues ingénieuses.

Le Vaudois pense en dedans, ses idées flottent inachevées dans son esprit, il trouve difficilement ses mots ; mais, une fois en mouvement, ses idées s'échauffent, sa langue se dénoue, il trouve des expressions originales. Sa parole offre un mélange curieux de rudesse native, de brusquerie âpre, de sans-façon rustique et de malice, d'insinuation, de nuances déliées.

Dans les habitudes populaires règne une jovialité facile et épanouie. Le Vaudois recherche les plaisirs pris en commun, les repas de corps, les assemblées nombreuses ; il aime la compagnie, sans avoir d'abandon et de besoin d'épanchement.....

Rodolphe Rey, Genève et les rives du Léman.

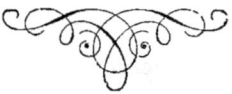

VOYAGE A TRAVERS LES MONTAGNES

En voyage le plaisir n'appartient qu'à ceux qui savent le conquérir, et point à ceux qui ne savent que le payer... Il est très-bon d'emporter, outre son sac, provision d'entrain, de gaieté, de courage et de bonne humeur. Il est très-bon aussi de compter, pour l'amusement, sur soi et ses camarades, plus que sur les curiosités des villes ou sur les merveilles des contrées. Il n'est pas mal non plus de se fatiguer assez pour que tous les grabats paraissent moelleux et de s'affamer jusqu'à ce point où l'appétit est un délicieux assaisonnement aux mets de leur nature les moins délicieux, de n'attendre rien du dehors et d'emporter tout avec soi : son sac, pour ne pas dépendre du roulage ; ses jambes, pour se passer du voiturier ; sa curiosité, pour trouver partout des spectacles ; sa bonne humeur, pour ne rencontrer que de bonnes gens.

Sans parler des facilités matérielles que, de toutes parts, la Suisse offre au voyageur, quelle autre terre sur le globe concentre dans un plus petit espace plus de merveilles quant à la nature, plus de variété quant à l'homme ?

Dans la même journée, on change de peuple comme de contrée : l'âpre et le riant se succèdent tantôt par degrés, tantôt par frappants contrastes ; les mœurs, de simples ou de sauvages que vous les avez observées le matin, sont devenues, le soir, civilisées ou industrieuses ; — ici de chauves sommités ; — là des croupes verdoyantes ou des retraites d'ombre et de paix ; — puis cette chaîne des Alpes qui vous ouvre ses ténébreux défilés, soit que vous vouliez chercher le soleil d'Italie, ses lacs d'azur, ses couleurs de fête, soit que vous vouliez rebrousser vers les paysages plus sévères des cantons.

Tœpffer.

LES HABITANTS DE L'ENGADINE

Dix mille habitants environ peuplent l'Engadine. Si peu nombreux qu'ils soient, la terre ne suffirait pas ici à nourrir ses enfants, car, hormis les pâturages, quelques maigres champs d'orge ou de blé, un peu de seigle, de lin ou d'avoine, le sol

Ascension dans un glacier.

ne produit que cailloux, le ciel que frimas. Le mélèze ou l'arole, seule essence des forêts, met des siècles à pousser. Comment en serait-il autrement, à 5000 ou 6000 pieds de hauteur, sous le manteau de neige d'un janvier persistant, sans parler de ces surprises d'été où le mercure du thermomètre se livre à des écarts de 30 degrés en vingt-quatre heures? « L'Engadine a neuf mois d'hiver et trois mois de froid », dit plaisamment un proverbe. La boutade est plus vraie qu'on ne pense. Que font alors les fils de cette rude mère? Loin de la maudire, ils l'aiment davantage. Ils veulent lui tenir compte de ce dont la Providence l'a déshéritée. Seulement, pour ne point épuiser sa mamelle aride, ils la quittent au matin de la vie. Par sept routes livrant à leur initiative l'accès du monde extérieur, ils vont chercher fortune au loin, qui en Italie, qui en France, ceux-là en Allemagne, quelques-uns jusqu'en Russie. Esprits ouverts, génies industrieux, ils se montrent capables de plus d'un métier. Leur aptitude aux langues est extrême. Ils naissent commerçants, surtout hôteliers; la confiserie constitue la vocation du plus grand nombre. Ils éprouvent le besoin de reproduire, en pâte de massepain ou en sucre filé, les blocs et les séracs qu'admira leur enfance.

Pendant ce temps, les années s'accumulent sur leur tête ; ils vieillissent sous des cieux étrangers. Mais le clocher du village est resté dans leur mémoire, et, quand les ombres du soir approchent, ils le rejoignent avec l'orgueil d'une fortune laborieusement conquise. Alors, aux lieux où fut le chalet paternel, s'élève une coquette villa. Rien ne leur coûte pour l'orner, ni la blanche pierre finement découpée, ni le balcon de fer forgé, ni la fleur des climats tempérés transplantée à grands frais. Dans l'intérieur, le bois de cembro noir et poli revêt les murs ; les vieux bahuts fouillés par la main d'un artiste meublent la chambre d'honneur. Ils n'ont plus désormais qu'à se laisser vivre. Leurs derniers jours s'écoulent doucement au foyer agrandi de la famille, entre le repos bien gagné de l'heure présente et un vieux souvenir pour le passé. Ainsi s'explique l'élégance inattendue de ces villages perdus où mainte construction se rencontre qui ne déparerait pas les rues de nos villes. Et c'est aussi pourquoi les cinq ou six principales langues de l'Europe, rapportées dans le bagage de ceux qui reviennent, se parlent en ce coin reculé des Grisons.

La vallée, d'ailleurs, a son dialecte à elle, dialecte national aussi ancien que le français ou l'allemand. Elle en est justement fière. C'est le *romansch* ou *ladin*, singulier mélange de celte, d'étrusque et de latin. Les philologues l'ont comparé, non sans raison, à la langue d'oc. Un reflet d'espagnol et d'italien le colore. Il trahit dans la terminaison des mots quelques-unes de chaudes sonorités qui semblent un écho prolongé de la lyre du troubadour. Cet idiome possède sa grammaire, même son journal (¹) ; il a toujours eu sa littérature et ses poëtes. Durant les nuits d'hiver, les jeunes filles, assises dans la salle basse autour du poêle monumental, abandonnent parfois la Bible massive pour chanter quelque légende, où les châteaux, les chevaliers et l'esprit de la montagne jouent leur rôle tour à tour.....

Point de mendiants en Engadine, point de ces *ragazzi* exploiteurs qui s'embusquent aux montées, armés de quatre brins de fleurs ou d'une jatte de fruits verts, plaie cuisante du touriste dans le Valais et l'Oberland. Ici l'indigène a le souci de sa dignité. Hospitalier, non quémandeur, il donne plus volontiers qu'il ne reçoit. L'agriculture et l'élève du bétail sont ses occupations. La chasse lui sert de délassement. Elle lui aide à oublier les mois de tourmente, elle lui plaît, en dépit, peut-être même à cause du péril, et par quelque quartier de venaison toujours bien accueilli ajoute le confortable à son nécessaire.

Stephen Liégeard, *A travers l'Engadine*.

1. *La Fogl d'Engladine* (la Feuille de l'Engadine) paraît chaque semaine à Zutz.

ESPAGNE ET PORTUGAL

LES ESPAGNOLS (CITATIONS DIVERSES)

En moyenne, l'Espagnol est de petite taille, mais solide, musculeux, d'une agilité surprenante, infatigable à la course, dur à toutes les privations. La sobriété de l'Ibère est connue. « Les olives, la salade et les radis, ce sont là les mets d'un chevalier », dit un ancien proverbe national. Sa force d'endurance physique semble tenir du merveilleux, et l'on comprend à peine comment les *conquistadores* ont pu résister à tant de fatigues sous le redoutable climat du nouveau monde! Avec toutes ses qualités matérielles, l'Espagnol, bien dirigé, est certainement, ainsi d'ailleurs que l'a constaté l'histoire, le premier soldat de l'Europe : il a le feu de l'homme du Midi, la force de l'homme du Nord, et n'a pas besoin, comme celui-ci, de se sustenter par une nourriture abondante.

Élisée Reclus, *Nouvelle Géographie universelle*.

Une nation forte, orgueilleuse, aussi fière du souvenir de sa grandeur passée que si cette grandeur existait encore ; ayant perdu l'habitude des combats, mais capable du plus courageux dévouement ; ignorante, fanatique, haïssant les autres nations. L'Espagnol tient à son ancien et pittoresque costume.....

Thiers.

Les peuples méridionaux sont de véritables artistes ; ils en ont, la plupart du temps, les allures négligées ; les vertus maritimes, l'ordre, le silence, la patience, la régularité, ne sont pas dans leurs instincts. Ils peuvent cependant se plier aux exigences d'un service qui leur est presque toujours antipathique : mais c'est comme l'arc courbé par une main puissante, qui se redresse dès qu'on l'abandonne à lui-même.

Amiral Jurien de la Gravière

Le peuple est un grand poëte, car il possède au suprême degré le sentiment, qui est, à mon sens, l'âme de la poésie. Il ne s'exprime pas en général correctement ; en revanche, il sent bien, et presque tous les genres de poésie lui sont familiers.

Trueba.

COMMENT ON VOYAGEAIT EN ESPAGNE IL Y A TRENTE ANS

El correo real dans lequel nous quittâmes Burgos mérite une description particulière. Figurez-vous une voiture antédiluvienne, dont le modèle aboli ne peut se retrouver que dans l'Espagne fossile ; des roues énormes, évasées, à rayons très-minces, et placées très en arrière de la caisse, peinte en rouge au temps d'Isabelle la Catholique ; un coffre extravagant, percé de toutes sortes de fenêtres de formes contournées, et garni à l'intérieur de petits coussins d'un satin qui avait pu être rose à une époque reculée, le tout relevé de piqûres et d'agréments en chenille, que rien n'empêchait d'avoir été de plusieurs couleurs. Ce respectable carrosse était naïvement suspendu par des cordes et ficelé, aux endroits menaçants, avec des cordelettes de sparterie. On ajoute à cette machine une file de mules d'une raisonnable longueur, avec un assortiment de postillon et de mayoral, en veste d'agneau d'Astrakhan et ce pantalon de peau de mouton d'une apparence on ne peut plus moscovite, et nous voilà partis au

Paysans andalous.

milieu d'un tourbillon de cris, d'injures et de coups de fouet. Nous allions un train d'enfer, nous dévorions le terrain, et les vagues silhouettes des objets s'envolaient à droite et à gauche avec une rapidité fantasmagorique. Je n'ai jamais vu de mules plus emportées, plus rétives et plus farouches ; à chaque relais, il fallait une armée de *muchachos* pour en accrocher une à la voiture. Ces diaboliques bêtes sortaient de l'écurie debout sur leurs pieds de derrière, et ce n'était qu'au moyen d'une grappe de postillons suspendue à leur licou qu'on parvenait à les réduire à l'état de quadrupède.....

Le pays que nous traversions avait un aspect d'une sauvagerie étrange : c'étaient de grandes plaines arides, sans un seul arbre qui en rompît l'uniformité, terminées par des montagnes et des collines d'un jaune d'ocre que l'éloignement pouvait à peine azurer. De temps à autre nous traversions des villages terreux, bâtis de pisé, la plupart en ruine.

Théophile Gautier, *Voyage en Espagne*.

LES CASTILLANS

Les gens de Léon et des Castilles sont graves, brefs dans leur langage, majestueux dans leur démarche, égaux dans leur humeur ; même quand ils se réjouissent, ils se comportent toujours avec dignité ; ceux d'entre eux qui gardent les traditions du bon vieux temps règlent jusqu'à leurs moindres mouvements par une étiquette gênante et monotone. Cependant ils aiment aussi la joie à leurs heures, et l'on cite surtout les Manchegos, ou gens de la Manche, pour la prestesse de leur danse et la gaie sonorité de leur chant. Le Castillan, quoique toujours bienveillant, est fier entre les fiers. « *Yo soy Castellano!* » Ce mot remplaçait pour lui tout serment. L'interroger davantage eût été l'insulter. Il ne reconnaît point de supérieurs, mais il respecte aussi l'orgueil de son prochain et lui témoigne dans la conversation toute la politesse due à un égal. Le terme de *hombre*, dont les Castillans et, à leur exemple, tous les Espagnols se servent pour s'interpeller, n'implique ni subordination ni supériorité, et se prononce toujours d'un accent fier et digne, ainsi qu'il convient entre hommes de même valeur. Tous les étrangers qui se trouvent pour la première fois au milieu d'une foule, à Madrid ou dans toute autre ville des Castilles, sont frappés de l'aisance naturelle avec laquelle riches et pauvres, élégants et loqueteux, conversent ensemble, sans morgue d'une part, sans bassesse de l'autre. En témoignage de ces mœurs égalitaires, on peut citer la petite ville de Casar, non loin de Caceres, où naguère encore subsistait une coutume dont nulle autre contrée d'Europe n'offre d'exemple. Les habitants, au nombre d'environ cinq mille, se réputaient tous parfaitement égaux en grade, conditions, qualité, et veillaient avec le plus grand soin à ce que cette égalité ne fût jamais altérée par aucun signe extérieur d'honneurs et de distinctions. Ainsi l'avaient établi d'anciennes chartes.

Élisée Reclus, *Nouvelle Géographie universelle*.

PHYSIONOMIE DE LA RUE A MADRID

Les types les plus curieux de l'Espagne peuplent les rues de Madrid. Esquissons-les d'un trait de plume.

Voici l'aguador, qui porte dans un panier de fer-blanc des *cantaros* pleins d'une eau fraîche et cristalline, des carafons d'aguardiente, des verres et des azucarillos. Son commerce est très-lucratif. « *Agua! agua fresca!* » crie-t-il sans cesse; et toujours altérés, les Espagnols boivent à longs traits de formidables

rasades....... Partout, en toutes saisons, retentit ce refrain :
« *Agua! agua!...* »

Aguador de Madrid.

..... « *Fosforos! cerillos!* » braille le petit marchand d'allumettes-bougies; et, lorsque la vente ne va pas au gré de ses désirs, il incendie ses boîtes et pleure à chaudes larmes pour exciter la commisération des âmes charitables.

Des Catalans en culotte ronde serrée à la taille par une ceinture violette, chaussés d'*espardengas* et coiffés du *gorro* de laine rouge à pointe enroulée, parlent d'un ton impératif de l'indépendance qu'ils revendiquent sans cesse.

Des montagnards musiciens, Kabyles par l'habit et les mœurs, étudient gravement les progrès de la civilisation.

Des Malagatos, la tête surmontée d'un chapeau pyramidal et posée sur un collet à godrons, la jaquette courte, les gamaches boutonnées jusqu'au-dessus du genou, choisissent de grandes boucles d'oreilles pour leurs *novias*, parées d'une coiffe de forme turque, d'une chemisette à fraise, d'un corsage brun à manches ouvertes par derrière, et d'un collier de corail entremêlé de figures saintes, qui s'enroule autour du cou, de la poitrine et des hanches.

Des Alicantais vendent des draps d'Alcoy, des limons et des dattes.

. . . .

Des Castellanos, en amples grègues, gilet sans veste et chausses sans pied, alpargates de chanvre et *ligos* de soie, marchent, alertes et rieurs, la cravate flottante et le mouchoir roulé sur le front, s'attroupent et plaisantent les Gallegos, portefaix ou *mozos de cordel*, qui sont les Auvergnats de l'Espagne.

Des Mayorquins, tonsurés comme des prêtres, la chevelure taillée comme celle des pages du xv° siècle, habillés d'une veste collante...., tirent, devant les églises, leur chapeau de poil de chat ornés de glands de soie et d'or. Leurs femmes se signent pieusement.....

Des Tunisiens offrent aux bourgeois des babouches rouges, fourrées et dorées.....

Les ombres du soir tombent lentement de la voûte azurée. Les serenos apparaissent, armés d'une pique et munis d'une lanterne sourde qui projette de longs rayons lumineux à travers sa lentille. Ce sont les veilleurs de nuit. Ils ont à leur ceinture les clefs de toutes les portes extérieures, qu'ils ouvrent aux retardataires. S'ils sont attaqués, un coup de sifflet les rassemble. Dans les petites villes de province, ils chantent les heures sur un ton monotone, à peine modulé.....

P. L. IMBERT, Espagne. — Splendeurs et misères.

LA MESTA EN ESPAGNE

..... La Mesta est une société de grands propriétaires de troupeaux voyageurs, qui tous les ans se réunit sous la présidence d'un conseil d'État.

Les troupeaux de mérinos se divisent en deux classes : les sédentaires, qui comprennent huit millions de têtes, et les voyageurs, qui en comptent un nombre un peu plus considérable. Les moutons voyagent par bandes de mille à douze cents, sous la conduite de deux bergers, quittent au mois d'octobre les montagnes de la Vieille-Castille, et vont en quelque sorte ravager les plaines de l'Estrémadure et de l'Andalousie jusqu'au mois de mai, qu'ils retournent dans les montagnes. Ces bergers, au nombre de seize mille et presque aussi brutes que leurs mérinos, exercent un véritable despotisme sur les terres qu'ils parcourent. Pendant leur marche, qui est d'autant plus lente qu'ils trouvent plus de nourriture, les ordonnances de la Mesta leur accordent une largeur de deux cent quarante pieds ; arrivés à leur destination, on les distribue dans les pâturages qui leur sont réservés, et dont la location est payée aux propriétaires suivant le taux fixé arbitrairement par la Mesta elle-même. On attribue avec quelque raison la dépopulation de certaines provinces et la décadence de l'agriculture à ces migrations ; et en effet la Biscaye, les Asturies, la Galice et la province de Burgos, qui ne sont point exposées à ce fléau, sont mieux cultivées et plus peuplées que celles qui supportent cette charge annuelle.

C'est lorsque les bergers sont revenus dans leurs cantonnements d'été que l'on fait la tonte, opération d'autant plus importante, qu'elle s'exécute en grand sous de vastes hangars disposés pour recevoir à la fois jusqu'à quarante ou soixante mille mérinos. On peut juger de la quantité de bras qu'elle emploie, puisque l'on compte cent vingt-cinq ouvriers par mille moutons. Les uns sont occupés à tondre la laine, et d'autres à la diviser en quatre espèces, suivant le degré de finesse. L'époque de cette opération est aussi joyeuse que celle des vendanges dans les riches vignobles.

MALTE-BRUN, Géographie universelle.

LES GITANOS (BOHÉMIENS)

L'Espagne est un des pays où se trouvent aujourd'hui en très-grand nombre encore ces nomades dispersés dans toute l'Europe et connus sous les noms de Bohémiens, Gitanos, Gypsies, Zigeuner, etc. La plupart demeurent, ou plutôt mènent une vie errante, dans les provinces du sud et de l'est, en Andalousie, en Estrémadure, dans le royaume de Murcie ; il y en a beaucoup en Catalogne. Ces derniers passent souvent en France. On en rencontre dans toutes nos foires du Midi. D'ordinaire, les hommes exercent le métier de maquignon, de vétérinaire et de tondeur de mulets ; il y joignent l'industrie de raccommoder les poêlons et les instruments de cuivre, sans parler de la contrebande et autres pratiques illicites. Les femmes disent la bonne aventure, mendient et vendent toutes sortes de drogues, innocentes ou non.

Les caractères physiques des Bohémiens sont plus faciles à distinguer qu'à décrire, et lorsqu'on en a vu un seul, on reconnaîtrait entre mille un individu de cette race. La physionomie, l'expression, voilà surtout ce qui les sépare des peuples qui habitent le même pays. Leur teint est très-basané, toujours plus foncé que celui des populations parmi lesquelles ils vivent. De là le nom de *Cole*, les *noirs*, par lequel ils se désignent souvent.

Leurs yeux semblent obliques; bien fendus, très-noirs, ils sont ombragés par des cils longs et épais. On ne peut comparer leur regard qu'à celui d'une bête fauve. L'audace et la timidité s'y peignent tout à la fois, et sous ce rapport leurs yeux révèlent assez bien le caractère de la nation, rusée, hardie, mais craignant naturellement les coups, comme Panurge. Pour la plupart, les hommes sont bien découplés, sveltes, agiles ; je ne crois pas en avoir jamais vu un seul chargé d'embonpoint. En Allemagne, les Bohémiennes sont souvent très-jolies ; la beauté est fort rare parmi les Gitanas d'Espagne.

Très-jeunes, elles peuvent passer pour des laiderons agréables ; mais une fois qu'elles sont mères, elles deviennent repoussantes. La saleté des deux sexes est incroyable, et qui n'a pas vu les cheveux d'une matrone bohémienne s'en fera difficilement une idée, même en se représentant les crins les plus rudes, les plus gras, les plus poudreux. Dans quelques grandes villes d'Andalousie, certaines jeunes filles, un peu plus agréables que les autres, prennent plus de soin de leur personne. Celles-là vont danser, pour de l'argent, des danses qui ressemblent fort à celles que l'on interdit dans nos bals publics du carnaval.

Quoi qu'il en soit, il est certain que les Gitanas montrent à leurs maris un dévouement extraordinaire. Il n'y a pas de danger ni de misère qu'elles ne bravent pour les secourir en leurs nécessités. Un des noms que se donnent les Bohémiens, *Rome* ou les époux, me paraît attester le respect de la race pour l'état de mariage. En général, on peut dire que leur principale vertu est le patriotisme, si l'on peut ainsi appeler la fidélité qu'ils observent dans leurs relations avec les individus de même origine qu'eux, leur empressement à s'entr'aider, le secret inviolable qu'ils se gardent dans les affaires compromettantes. Au reste, dans toutes les associations mystérieuses et en dehors des lois, on observe quelque chose de semblable.

Prosper Mérimée.

LES PORTUGAIS

Les Portugais ont le teint des peuples méridionaux; ils sont d'une taille peu élevée, mais généralement bien prise : rien n'est plus rare parmi eux que les individus estropiés ou contrefaits. La province de Minho, le Tras-os-Montes et les montagnes d'Estrella renferment les hommes les plus beaux et les plus robustes du royaume. Leur peau est assez blanche, et leurs cheveux sont blonds ou châtains. Dans les autres provinces, le noir est la couleur dominante de la chevelure.

La vivacité, la brillante imagination qui distinguent le Portugais, le rendent en quelque sorte affamé de dissipation : la musique, la danse, le spectacle, les processions, les combats de taureaux, en un mot, tout ce qui peut retracer les plaisirs des sens a sur lui un empire irrésistible. Sa musique, vive, légère, n'est point sans attraits pour l'étranger; les chants populaires accompagnés du son de la guitare seraient agréables et gracieux si les paroles n'en étaient pas parfois trop licencieuses.

La langue portugaise n'a point les sons gutturaux de l'Espagnol : elle est riche et sonore; mais la fréquence des *hiatus* et des terminaisons nasales, la propension qu'elle a au néologisme, la facilité avec laquelle elle s'empare des mots des autres langues, nuisent à son harmonie et feraient croire à sa pauvreté, si plusieurs écrivains modernes n'avaient prouvé tout le parti qu'on peut tirer de cette langue.

Malte-Brun, *Géographie universelle*.

Portugais.

ITALIE

LES ITALIENS (CITATIONS DIVERSES)

Les qualités communes aux peuples de l'Italie et de la Grèce, les qualités permanentes dont le germe s'est maintenu sous tous les gouvernements et se retrouve encore, sont une imagination vive et brillante, une sensibilité rapidement excitée et rapidement étouffée, enfin le goût inné de tous les arts, avec des organes propres à apprécier ce qui est beau dans tous les genres et à le reproduire.

S. de Sismondi.

La première qualité d'un cœur italien, c'est l'énergie; la seconde, la défiance; la troisième, la volupté; la quatrième, la haine.

Stendhal.

C'est un privilége unique de l'Italie entre toutes les nations d'avoir eu deux jeunesses. Les autres nations, comme les autres hommes, n'en ont qu'une : quand elles sont vieilles, c'est pour toujours; quand elles sont mortes, c'est pour jamais.

Lamartine

Plus la nature est belle et bonne, moins l'homme est obligé d'être actif et soigneux. Le Hollandais, le paysan de la Forêt-Noire, seraient trop malheureux si leur intérieur n'était pas agréable et propre. En Italie, le travail et la discipline sont superflus ; la nature se charge de fournir le bien-être et la beauté.

Taine

LE PAYSAN ROMAIN

Avant tout, quand on veut juger les paysans romains, il faut poser comme premier trait de leur caractère l'énergie, j'entends l'aptitude aux actions violentes et dangereuses.

. . . .

Ces gens menteurs, cruels et violents comme les sauvages, sont stoïques comme les sauvages. Quand ils sont malades ou blessés, vous les voyez, la jambe cassée ou un coup de couteau dans le corps, s'envelopper dans leur manteau et demeurer assis sans rien dire, sans se plaindre, concentrés, immobiles à la façon des animaux qui souffrent; seulement ils vous regardent d'un œil fixe et triste. C'est que leur vie ordinaire est dure et qu'ils sont habitués à la peine; ils ne mangent que de la polenta, et il faut voir leurs guenilles. Les villages sont clair-semés; ils sont obligés de faire plusieurs milles, parfois trois lieues, pour aller travailler à leur champ. Mais tirez-les de cet état militant et de cette tension continue, le fonds généreux, la riche nature abondamment fournie de facultés bien équilibrées, apparaissent sans effort. Ils deviennent affectueux quand on les traite bien.....

On n'a qu'à regarder dans la rue ou dans la campagne les têtes de paysans ou de moines : l'intelligence et l'énergie y éclatent; impossible de se soustraire à l'idée qu'ici la cervelle est pleine et l'homme complet.....

H. Taine, Voyage en Italie.

LE GÉNOIS DE LA VILLE BASSE

Gênes est peut-être, avec Venise, la ville d'Italie où les types populaires et le va-et-vient des vieilles rues présentent l'imbro-

Paysans de la campagne romaine.

glio le plus intéressant et le plus étrange. Rien n'est plus curieux, à coup sûr, que les figures et l'accoutrement de ces portefaix, débardeurs, muletiers et *facchini*, à la poitrine hâlée, les uns nus jusqu'aux hanches, les autres revêtus seulement d'une chemise de laine bleue, avec une ceinture nouée sur la culotte. Et quelles âcres senteurs s'exhalent de la *bettola* ou taverne, à l'heure où tout ce peuple en guenilles, délaissant les longues files assourdissantes de charrettes aux attelages d'ânes et de mulets, s'y enferme pour déguster philosophiquement le fromage et la *polenta*. Notez que la plupart des rues de la ville basse, avec leurs maisons à sept ou huit étages, sont de véritables corridors, où l'on circule en zigzag, sans presque apercevoir un pan de ciel bleu.

Jules Gourdault, *l'Italie*.

LES NAPOLITAINS

Le peuple napolitain, à quelques égards, n'est point du tout civilisé; mais il n'est point vulgaire à la manière des autres peuples. Sa grossièreté même frappe l'imagination. La rive africaine qui borde la mer de l'autre côté se fait déjà presque sentir, et il y a je ne sais quoi de numide dans les cris sauvages qu'on entend de toutes parts. Ces visages bruns, ces vêtements formés de quelques morceaux d'étoffe rouge ou violette, dont la couleur foncée attire les regards, ces lambeaux d'habillements que ce peuple artiste drape encore avec art, donnent quelque chose de pittoresque à la populace, tandis qu'ailleurs l'on ne peut voir en elle que les misères de la civilisation. Un certain goût pour la parure et les décorations se trouve souvent à Naples, à côté du manque absolu des choses nécessaires ou commodes. Les boutiques sont ornées agréablement avec des fleurs et des fruits; quelques-unes ont un air de fête qui ne tient ni à l'abondance ni à la félicité publique, mais seulement à la vivacité de l'imagination ; on veut réjouir les yeux avant tout. La douceur du climat permet aux ouvriers en tout genre de travailler dans la rue. Les tailleurs y font des habits, les traiteurs leurs repas, et les occupations de la maison, se passant ainsi au dehors, multiplient le mouvement de mille manières. Les chants, les danses, des jeux bruyants, accompagnent assez bien tout ce spectacle ; il n'y a point de pays où l'on sente plus clairement la différence de l'amusement au bonheur ; enfin, on sort de l'intérieur de la ville pour arriver sur les quais, d'où l'on voit et la mer et le Vésuve, et l'on oublie alors tout ce que l'on sait des hommes.

Mme DE STAEL, *Corinne.*

LES SICILIENS

Le soleil de la Sicile répand son active influence jusque sur le moral des habitants de cette île ; les têtes siciliennes sont volcanisées comme le sol, brûlantes comme le climat. Le Sicilien est vif, gai, spirituel, doué d'un génie actif, d'une imagination exaltée, de passions fougueuses et d'un ardent amour pour son pays. Il est hospitalier, généreux, fidèle observateur de ses promesses. S'il commet un assassinat, ce n'est point par cupidité, mais par vengeance ; il considère celle-ci comme un droit et presque comme un devoir. Plus fier que sur le territoire napolitain, le bas peuple sicilien n'endurerait pas l'outrage d'un coup de canne ; il s'en vengerait par un coup de couteau. Malgré son inertie physique, son activité morale offre tant de ressources, que l'éducation en ferait un peuple supérieur aux autres peuples européens ; mais l'ignorance est extrême, et l'on a le regret de dire que les gouvernements l'ont souvent maintenue plutôt que combattue. Cependant l'instruction élémentaire, en répandant l'usage de

A Naples.

l'écriture, inspire plus facilement l'amour de l'ordre et de l'économie, met le peuple à même de profiter de quelques lectures à sa portée, entretient en lui le sentiment de ses devoirs, et dispose l'agriculteur et l'artisan à s'instruire des meilleurs procédés employés dans leur état. Un changement si grand dans les mœurs populaires est-il donc si dangereux? Un peuple instruit dans le respect des lois n'est-il pas plus facile à diriger et à maintenir dans une sage obéissance que celui qui ne connaît que l'empire de la force et la soumission de la crainte?

Malte-Brun, Géographie universelle.

LE CARNAVAL A ROME

C'est le mardi gras que les divertissements d'une population tombée en enfance et agglomérée dans une seule rue arrivent à la souveraine frénésie de leur gaieté. Les factions jaunes ou vertes, violettes ou bleues, blanches ou d'un incarnat garibaldien, entrent en lice : sous prétexte de coiffer des *Folies*, le bonnet phrygien fait briller sa corne rouge dans la cité de Jules II. Une heure avant l'*Ave Maria*, moment où un coup de canon exterminera subitement cette allégresse, il faut parcourir le Corso, au risque d'être déchiré par les Ménades. Je ne sais comment parviennent à circuler, entre les rangs serrés des équipages, les marchands de bouquets, qui les portent échelonnés sur des perches jusque dans les voitures, et les revendeurs de *confetti* venant réapprovisionner les espèces d'auges dont sont bordés tous les chars!

Contadines dans leurs costumes appétissants et criards, polichinelles et arlequins, dominos errants, marmots encapités de têtes colossales; dragons à cheval parmi ces vagues humaines où des files de masques, lancées à travers les foules, y tracent des courants qui serpentent; musiques militaires, fanfares ambulantes, grelots des équipages, détonations d'artifice; militaires de toute arme et femmes de toute couleur; Turcs et *chauchardes*, cortéges bigarrés à la suite d'un tambour de basque, chevaux maquillés de festons et de rosaces voyantes, belles filles aveuglées et qui rient; balcons qui regorgent et d'où il semble que vont tomber des grappes vivantes ; grêle incessante qui pleut des fenêtres et forme sur le pavé un tapis neigeux de plâtre écrasé; nuages de farine qui plongent les acteurs dans la brume ; paquets de verdure qui montent ou descendent incessamment dans les airs; homards, dauphins et autres monstres vomissant à pleine gueule des bouffées de craie ; sur les estrades disposées contre les murs, ces corsets rouges, ces dentelles, ces flots de rubans dont la rue est bordée ; tout enfin, tout ce qu'on voudrait énumérer et rendre avec le désordre de ses contrastes, tout est joyeux, insensé, fait pour tourner les têtes et enivrer les yeux.

De grands fantômes drapés en vestales cheminent rossés par la batte d'arlequin ; d'autres fous dansent pour leur propre satisfaction, en chantant des couplets qu'ils improvisent. Le burlesque naît à chaque pas, et le rire jaillit de ces cratères en ébullition. Fussiez-vous seul, vous perdriez la sensation de l'isolement, car chacun vous accoste, et, s'égayant avec vous de vous, s'offre en plastron à vos lubies.

Francis Wey, *Rome*.

BRIGANDS ITALIENS

Un des grands fléaux de l'Italie méridionale est le brigandage. Le nom des Calabres éveille aussitôt dans les esprits l'idée de meurtres et de combats à main armée ; en entendant parler de ce pays, on pense immédiatement à des bandits parcourant la montagne en costume pittoresque et l'escopette au poing. Malheureusement le « brigand calabrais » n'est point un

Jeune Napolitaine.

simple mythe à l'usage des drames et des opéras : il existe bien réellement, et ni les changements de régime politique, ni la sévérité des lois, ni les chasses à l'homme organisées tant de fois, n'ont pu le faire disparaître. Souvent, après des battues prolongées et de nombreuses fusillades, on a cru à l'extermination complète des brigands, et les autorités se sont mutuellement envoyé des félicitations officielles; mais le répit a toujours été de peu de durée, et les meurtres ont recommencé de plus belle.

Ce n'est point la vengeance, comme en Sardaigne et en Corse, qui met les armes aux mains du paysan calabrais, c'est presque toujours la misère. Dans ce pays où la féodalité, abolie en droit, n'en existe pas moins de fait, le sol est en entier accaparé par quelques grands propriétaires, et par suite le paysan, ou *cafone*, est condamné pour vivre à un travail accablant et mal rémunéré. Dans les années de grande abondance, alors que le seigle, les châtaignes, le vin, suffisent à son entretien et à celui de sa famille, il travaille sans se plaindre; mais que la disette se fasse sentir, aussitôt les brigands foisonnent. Unis contre l'ennemi commun, le propriétaire féodal, le *gualano*, ils mettent le feu à sa maison, capturent ses bestiaux, le saisissent lui-même, s'ils le peuvent, et ne le rendent que moyennant une forte rançon. Quelques-uns de ces bandits finissent par devenir de véritables bêtes fauves altérées de sang; mais tant qu'ils se bornent à leur premier rôle de « redresseurs de torts », ils peuvent compter sur la complicité de tous les autres paysans : les pâtres des montagnes leur apportent du lait, des vivres, les avertissent du danger, donnent le change aux carabiniers qui les poursuivent. Tous les pauvres sont ligués en leur faveur, tous se refusent à les dénoncer ou à témoigner contre eux.

Élisée Reclus, *Nouvelle Géographie universelle.*

PÉNINSULE DES BALKANS [1]

LE PEUPLE GREC

Les Grecs ont précisément autant de passion qu'il en faut pour mettre en œuvre ce qu'ils ont d'esprit.

Ils ont de l'esprit autant que peuple du monde, et il n'est pour ainsi dire aucun travail intellectuel dont ils soient incapables. Ils comprennent vite et bien ; ils apprennent avec une facilité merveilleuse tout ce qu'il leur plaît d'apprendre, c'est-à-dire tout ce qu'ils ont intérêt à savoir. Je ne crois pas qu'ils soient très-aptes aux sciences de haute spéculation, et il se passera probablement quelques siècles avant que la Grèce produise des métaphysiciens ou des algébristes ; mais les ouvriers grecs apprennent en quelques mois un métier même difficile ; les jeunes commerçants se mettent rapidement en état de parler cinq ou six langues ; les étudiants en droit, en médecine et en théologie acquièrent rapidement les connaissances nécessaires à leur profession : tous les esprits sont ouverts à toutes les connaissances utiles ; l'amour du gain est un maître qui leur enseignera un jour tous les arts.

Ils étudient par nécessité, ils étudient aussi par vanité. Un peuple qui a de l'intelligence et de l'amour-propre est un peuple dont il ne faut point désespérer. Ils apprennent tant bien que mal le grec ancien, pour se persuader qu'ils sont les fils des Hellènes ; ils étudient leur histoire pour avoir de quoi se vanter. Ils s'instruisent enfin par curiosité pure, et ils montrent un égal empressement à raconter ce qu'ils savent et à apprendre ce qu'ils ignorent.....

Edmond About, la Grèce contemporaine.

1. Nous ne parlons pas ici des Turcs, que nous décrirons avec les peuples de l'Asie.

Grec.

LA VIE ATHÉNIENNE

Ceux qui croient, en débarquant en Grèce, trouver partout, dès leur arrivée cette couleur locale dont les ont leurrés les guides, se préparent une bien cruelle illusion.

A Athènes, non-seulement les maisons, les rues, les boutiques ont un aspect européen et tout occidental, mais les habitants eux-mêmes ont abandonné la fustanelle blanche et le fez rouge à long gland bleu pour la jaquette de drap et le chapeau de feutre noir, derniers produits de nos maisons de confection. C'est plus commode, moins cher, mais, hélas! bien moins élégant et gracieux.

Le palikare qui balance sa petite jupe en marchant se fait rare à Athènes; il faut aller en province pour le voir encore, et ce n'est qu'à l'époque des sessions de la Chambre que l'on peut contempler sur le Stade ou sur la place de la Constitution, quelques vieux députés de province, à longues moustaches blanches, portant fièrement le costume national.

Le dimanche, le peuple fait diversion à ses occupations quotidiennes. Les artisans, les boutiquiers, les employés, vêtus de redingotes noires et suivis de leurs femmes en robes de l'avant-dernière mode, en chapeaux à fleurs d'un goût douteux, circulent lentement dans les rues et sur les places, avec une gaieté silencieuse.....

Henri Belle, *Tour du monde*.

LES ROUMAINS

Les Roumains de la plaine, et parmi eux principalement les Valaques, ont de beaux visages bruns, des yeux pleins d'expression, une bouche finement dessinée, montrant dans le rire deux rangées de dents d'une éclatante blancheur; ils se distinguent par la petitesse de leurs pieds et de leurs mains et par la finesse de leurs attaches. Ils aiment à laisser croître leur chevelure, et l'on raconte que nombre de jeunes hommes se font réfractaires au service de l'armée uniquement pour sauver les belles boucles flottant sur leurs épaules. Adroits de leur corps, lestes, gracieux dans tous leurs mouvements, ils sont en outre infatigables à la marche et supportent sans se plaindre les plus dures fatigues. Ils portent leur costume avec une aisance admirable, et même le berger valaque, avec sa haute *cachoula* ou bonnet de poil de mouton, la large ceinture de cuir qui lui sert de poche, la peau de mouton jetée sur une épaule, et ses caleçons qui rappellent la braie des Daces sculptés sur la colonne de Trajan, impose par la noblesse de son attitude. Les femmes de Roumanie sont la grâce même. Soit qu'elles observent encore les anciennes modes nationales et portent la large chemisette brodée, la veste flottante, le grand tablier multicolore où dominent le rouge et le bleu, la résille d'or et de sequins sur les cheveux, soit qu'elles aient adopté la toilette moderne, elles charment toujours par leur élégance et leur goût. A ses avantages extérieurs, la Roumaine ajoute une intelligence rapide, une gaieté communicative, un esprit de repartie qui en font la Parisienne de l'Orient. Ce sont les femmes si gracieuses de la Valachie, et non les ondes d'une limpidité douteuse de la rivière de Bukarest, qui ont fait naître le proverbe : « O Dimbovitza ! celui qui a bu de ton eau ne peut plus te quitter ! »

Élisée Reclus, *Nouvelle Géographie universelle.*

Valaques

LA RACE BOSNIAQUE

La race bosniaque est généralement grande, forte et vigoureuse. Plus rudes de caractère que leurs frères du Danube, les Bosniaques ont des mœurs extrêmement sévères. Ils sont courageux et braves, conservent religieusement les traditions de leur origine guerrière et poussent jusqu'au fanatisme le souvenir de leur ancienne indépendance, objet de leurs profonds regrets et de leur constant espoir. De là leurs fréquentes prises d'armes, sans cesse impuissantes, et qui n'ont servi qu'à rendre leur asservissement plus lourd et plus écrasant. Ils sont bons, francs et hospitaliers, passionnés pour la poésie nationale, sobres dans leurs besoins, actifs à l'ouvrage, économes dans leurs dépenses. Quant à leur intelligence, elle semble peu éclairée, et, dans tous les cas, beaucoup moins développée que celle de leurs frères serbes, dalmates et croates. Ils sont susceptibles des plus vives et des plus durables affections, et le sentiment et l'amour de la famille sont profondément enracinés en eux. Ils peuvent être parfois très-durs pour leur femme, mais ils n'en respectent pas moins en elle la mère de leurs enfants. Bien que le divorce soit admis chez eux, comme dans la religion grecque, ils n'en usent que très-rarement et pour des cas tout à fait exceptionnels. Quant au Bosniaque musulman, la polygamie consacrée par le Coran semble n'avoir que fort peu d'attraits pour lui, car presque généralement il n'a qu'une seule femme.

ROUSSEAU, *Bulletin de la Société de géographie*, 1866.

LE MONTÉNÉGRIN

Quoique frères des Serbes du Danube, les habitants de la Montagne Noire se distinguent par des traits spéciaux qu'ils doivent à leur vie de combats incessants, à l'élévation et à l'âpreté du sol qui les nourrit, et sans doute aussi au voisinage des Albanais. Le Monténégrin n'a pas les allures tranquilles du Serbe de la plaine; il est violent et batailleur, toujours prêt à mettre la main sur ses armes; à sa ceinture il a tout un arsenal de pistolets et de couteaux; même en cultivant son champ, il a la carabine au côté. Récemment encore il exigeait le prix du sang. Une égratignure même devait se payer, une blessure valait une autre blessure, et la mort appelait la mort. Les vengeances se poursuivaient de génération en génération entre les diverses familles, tant que le compte des têtes n'était pas en règle de part et d'autre, ou qu'une compensation monétaire, fixée d'ordinaire par les arbitres à dix sequins par « sang », n'était pas dûment payée. De nos jours, les cas de vengeance héréditaire sont devenus rares; mais, pour remplacer la justice coutumière, la loi édictée par le prince a dû se montrer d'une sévérité terrible : meurtriers, traîtres, rebelles, réfractaires, voleurs doublement récidivistes, incendiaires, infanticides, coupables de lèse-majesté, profanateurs du culte, tous sont également condamnés à la fusillade.....

<small>ÉLISÉE RECLUS, *Nouvelle Géographie universelle.*</small>

LA FEMME MONTÉNÉGRINE

L'histoire de la femme tsernogortse peut se résumer en deux mots : travailler et souffrir. Au seuil du temple de la vie,

Monténégrin.

elle lit, comme au frontispice infernal, le fatal arrêt de sa destinée :

Lasciate ogni speranza, voi che 'ntrate!

Son existence se déroulera tout entière en effet dans un cercle inexorable de fatigues, de douleurs et d'assujettissement.

. . . .

Si l'explosion d'une joie délirante accueille à sa naissance l'héritier du guerrier monténégrin, si le bruit de la mousqueterie et les vivat du festin célèbrent ce jour fortuné, la tristesse et le désenchantement sont au contraire au foyer domestique quand une fille vient accroître le chiffre de la famille. Aux questions que vous ferez au père sur le sexe de son nouvel enfant : « Pardonnez-moi, répondra-t-il, pardonnez-moi, c'est une fille » (*Oprostite, imamo iedny k'cer*). Volontiers aussi il dira : « C'est un serpent » (*Toije smiya*). Aussi ce petit être, rejeté dès ce moment loin des tendresses et des soins passionnés dont ses frères ont accaparé toutes les faveurs, va grandir, ignoré, misérable, jusqu'au jour où ses forces naissantes pourront donner à la maison leur maigre revenu. Initiée dès ses premières années aux faciles travaux du ménage, le jour arrive bien vite où la forêt et les champs réclament aussi la fille monténégrine. Enfant encore, vous la verrez, maigre et pâle, descendre des montagnes, ployant sous le fagot de bois sec qui lui rapportera quelques kreutzers ; jeune fille, au lieu de laisser à la nature le temps d'arrondir ses formes naissantes et de répandre ses attraits sur son précoce développement, elle flétrit prématurément dans le travail toutes les fleurs de son printemps ; femme, elle achève rapidement dans les devoirs du mariage, devenu pour elle une domesticité, et dans les soucis de la maternité, la ruine de sa beauté fugitive et le naufrage des rêves de son adolescence. Sous ces traits flétris et tirés, sous ce masque d'une maturité hâtive, cherchez et vous trouverez souvent une femme de vingt-cinq ans, sur laquelle un labeur forcé a mis le cachet d'une étrange et rebutante masculinité. Au physique, la femme monténégrine est généralement de taille moyenne, massive, dénuée de toute élégance dans les allures et le maintien. Sa démarche pesante, son pas allongé, l'inclinaison de sa taille, le port même de sa tête, presque toujours humblement inclinée, tout trahit chez elle l'habitude des pénibles travaux et celle des longues marches dans les montagnes, sous le poids de lourds fardeaux. Rien dans ses actes, dans ses gestes, ne rappelle cette légitime assurance, cette confiance en soi-même que donnent à la femme, chez les peuples vraiment civilisés, l'exercice des droits sacrés qui lui sont reconnus et, vis-à-vis de l'homme, le sentiment de son égalité. La Monténégrine voit dans son père, dans son frère, dans son mari, des êtres supérieurs devant lesquels elle doit trembler, obéir et se taire; l'homme, à son tour, se plaît à exagérer les formes d'un despotisme dont un faux point d'honneur l'empêche seul souvent d'affranchir sa compagne.....

La galanterie n'existe point dans la Montagne Noire; la jeune fille peut en liberté, loin de l'œil maternel, aller de seuil en seuil, de montagne en montagne, mieux garantie par le respect, peut-être un peu hypocrite, dont elle est entourée, que par nos lois les plus sévères. Vous la verrez s'approcher d'un inconnu, et, pourvu que celui-ci porte quelque signe de distinction, lui baiser humblement la main, s'offrir à lui rendre tous les services dont il peut avoir besoin; mais malheur à celui qui lui adresserait quelque parole d'offense!.....

G. Frilley et Iovan Wlahovitj, le Montenegro contemporain.

LES TZIGANES

Les Tziganes, en Moldo-Valachie, se divisent en trois classes : les *lingourari*, ou faiseurs de cuillers; ce sont surtout les ouvriers sédentaires, les agriculteurs; — les *sloujitori*, servants ou esclaves appartenant aux boyards, qui les achètent et les vendent comme leurs propriétés personnelles; et enfin les *schotrari*, habitants

Tzigane.

des tentes ou nomades: ils ont le monopole de l'industrie du fer; eux seuls travaillent ce métal, réputé impur par les Valaques, depuis qu'il a percé les pieds et les mains du Christ. Les Tziganes ont une aptitude très-remarquable pour la musique et la danse. La flûte de Pan, la mandoline, le violon, sont leurs instruments.

« On les appelle, dit M. Poissonnier, dans toutes les réjouissances de famille; ils font oublier par leurs chants les souffrances de la patrie et jettent souvent, par le souvenir des ballades antiques, l'espérance au cœur de ces Roumains si fiers de leur origine. » Les Valaques ne sont pas les seuls qui mettent à contribution le talent musical des Tziganes. Les Turcs ne sauraient s'en passer dans aucune de leurs fêtes, dans aucun de leurs divertissements. Nous eûmes recours nous-mêmes quelquefois à la musique tzigane pour charmer nos loisirs.

Les Tziganes sont d'une saleté repoussante, couverts de haillons et de vermine. Ils aiment à étaler au soleil leur nudité et leur misère. On les rencontre souvent dans les steppes, blottis sous leurs carrousses ou voitures, ou dans des trous de terre auxquels les Valaques donnent le nom pittoresque de nids de Tziganes. Ils se plient facilement aux exigences des peuples au milieu desquels ils viennent s'établir ; aussi n'est-il pas étonnant de les rencontrer souvent chrétiens en Valachie et mahométans en Turquie. Il a été jusqu'à présent impossible d'avoir des notions précises sur la religion de ces familles nomades de Tziganes qu'on rencontre partout : « Jamais la prière, disent les Valaques, n'a passé sur les lèvres des Tziganes, et, leur église ayant été construite en *brenza* (fromage blanc), les chiens l'ont mangée. »

Camille Allard, *la Bulgarie orientale*.

L'AFRIQUE ET LES AFRICAINS

ÉGYPTE

LE FELLAH EN ÉGYPTE

Une remarque qui se présente à l'esprit du voyageur le moins attentif, dès ses premiers pas dans cette basse égypte où, depuis un temps immémorial, le Nil accumule son limon par minces couches, c'est l'intimité du Fellah avec la terre. Le nom d'autochthone est véritablement celui qui lui convient : il sort de cette argile qu'il foule, il en est pétri et s'en dégage à peine.....

Il s'enfonce jusqu'à mi-corps dans cette vase fertile, il la remue, l'arrose, la dessèche, selon qu'il est besoin, y trace des canaux, y lève des chaussées, y puise le pisé dont il bâtit sa demeure éphémère et dont il cimentera son tombeau. Jamais fils respectueux n'eut plus de soin de sa vieille mère : il ne s'en sépare pas comme ces enfants vagabonds qui délaissent le toit natal pour aller chercher les aventures; toujours il reste là, attentif au moindre besoin de l'antique aïeule, la terre noire de Kémé.

Si elle a soif, il lui donne à boire ; si trop d'humidité la gêne, il la dérive; pour ne pas la blesser, il la travaille presque sans outils, avec ses mains : sa charrue ne fait qu'effleurer la peau tellurique, recouverte chaque année d'un nouvel épiderme par l'inondation. A le voir aller et venir sur ce sol détrempé, on sent qu'il est dans son élément. Avec son vêtement bleu, qui ressemble à une robe de pontife, il préside à l'hymen de la Terre et de l'Eau. Il unit les deux principes qui, échauffés par le soleil, font éclore la vie. Nulle part cet accord de l'homme et du sol

Femme et enfants fellahs.

n'est plus visible; nulle part la terre n'a plus d'importance. Elle étend sa couleur sur toute chose : les maisons revêtent cette teinte, les Fellahs s'en rapprochent par leur teint bronzé ; les arbres, saupoudrés d'une fine poussière, les eaux, chargées de limon, se conforment à cette harmonie fondamentale.....

Théophile Gautier, Orient.

UN BAZAR AU CAIRE

Le Caire est le rendez-vous de tous les peuples qui habitent l'Égypte ou qui viennent y trafiquer, et c'est principalement dans les bazars qu'on peut admirer la variété des costumes et des types. Devant la boutique des marchands venus de Damas et de Constantinople pour vendre leurs étoffes ou leurs armes, passent et repassent sans cesse les Turcs, gênés dans de laides redingotes et d'étroits pantalons ; les Fellahs, nus sous une simple blouse de cotonnade bleue ; les Bédouins de la Libye, enveloppés de couvertures grises, les pieds entourés de linges rattachés avec des cordes ; les Ababdeh, portant pour tout vêtement de larges caleçons blancs, et dont les longs cheveux graissés de suif sont traversés par des aiguillons de porc-épic ; des Arnautes, avec leurs fustanelles, leurs vestes rouges, leurs armes passées à la ceinture et leur longue moustache retroussée ; les Arabes du Sinaï, couverts de haillons et ne quittant jamais leur cartouchière ornée de verroteries ; des nègres du Sennaar, dont le visage noir comme la nuit a une régularité caucasienne ; des Maghrebins, drapés de leurs burnous ; des Abyssins, coiffés du turban bleu ; des Nubiens, habillés d'une loque ; des habitants de l'Hedjaz, marchant gravement les pieds chaussés de sandales, la tête garantie par une coufieh jaune, et les épaules couvertes d'une traînante robe rouge ; les Wahabis, dont l'Europe ne se préoccupe pas, et sur qui repose peut-être aujourd'hui le sort religieux de l'Orient ; des Juifs sordides et changeurs de monnaies ; quelquefois un santon tout nu, qui

Nubien.

s'avance en récitant la profession de foi ; puis, parmi ces fils de Sem et de Cham, des Européens de tous pays, Italiens, Corses,

Anglais, Russes, Allemands, Français, qui vont et viennent curieusement, pendant qu'auprès d'eux courent sur des ânes de gros paquets noirs et blancs qui sont des femmes.....

MAXIME DU CAMP, *le Nil*.

PRIÈRE DES ABLUTIONS EN ÉGYPTE

Un iman me donna sur les ablutions des détails très-circonstanciés ; il ne sera peut-être pas sans intérêt de les connaître et de savoir les oraisons particulières attachées à cette cérémonie préparatoire et indispensable de toute prière.

En s'approchant de la fontaine qui coule dans la cour de toutes les mosquées, le mahométan dit : « Louange à Dieu, qui nous a faits musulmans et qui nous a donné cette eau bienfaisante pour que nous puissions nous purifier de nos péchés. » Puis il s'accroupit près du bassin, prend de l'eau dans sa main, s'en rince trois fois la bouche (chaque ablution partielle se fait toujours trois fois), et dit : « Louange à Dieu, purificateur du péché. » Il lave ses narines en disant : « O Dieu ! je te supplie de me faire sentir l'odeur du paradis. » En frottant son visage de ses deux mains réunies : « J'ai résolu et je promets de n'adorer que Dieu seul, selon la secte orthodoxe dont je fais partie. » Pour le bras droit, qui se lave depuis l'extrémité du médium jusqu'au coude : « O Dieu ! donne-moi le livre de mes actions dans cette main, lorsque viendra le jour de ton jugement, et permets que Mohammed, notre Seigneur intercède pour moi auprès de ta justice. » Le bras gauche est lavé de la même façon ; mais, le côté gauche étant regardé comme destiné aux œuvres mauvaises, il faut dire : « O Dieu ! je vous prie de ne pas me donner le livre de mes action dans cette main prévaricatrice. » Selon que l'on appartient à une des quatre sectes orthodoxes de l'islamisme, les *hanifites*, les *châfeytes*, les *hanbalites* ou les *malékites*, un musulman fait l'ablution de la tête de différentes manières.

Les hanifites et les châfcytes lavent la tête tout entière en disant : « Je te prie, ô Seigneur, de me laisser sous l'abri de ton ciel empyré quand arrivera le jour terrible. » Les malékites font une prière semblable, mais ils baignent le sommet seul de la tête, à l'endroit où pousse la mèche (*chachia*) que doit porter tout croyant. L'iman Malek, chef de cette secte, prétend que c'est là que finit le cerveau, et que la fraîcheur de l'eau, en y pénétrant, éteint les péchés et les pensées coupables. Les hanbalites ne lavent que le front et prient ainsi : « Je supplie le Seigneur de me donner une clarté digne de sa contemplation, et de ne pas permettre que mon visage noirci m'éloigne de sa présence. »

Trois fois on lave les oreilles, en passant la main derrière et dans l'intérieur : « Seigneur, fais qu'elles entendent au jour dernier les paroles de Mohammed, ton ami. » Pour le pied droit : « Je te prie, ô mon Dieu ! de fixer ce pied que tu as créé et de le raffermir sur le pont *es-Sirât*[1]. » Pour le pied gauche : « Je te prie, Seigneur, de fixer ce pied fautif sur le pont *es-Sirât*. »

L'ablution terminée, le musulman se lève, il se tourne dans la direction sainte de la Mecque et il dit : « O Dieu, par la sainteté de Notre-Seigneur Aïssa (Jésus) et par l'affection que tu avais pour lui, nous te prions de pardonner nos péchés, d'exaucer nos vœux et d'accepter nos services envers ta grandeur infinie ! »

En voyage, lorsque l'eau est rare, les ablutions doivent être faites avec du sable.....

Maxime Du Camp, *le Nil.*

1. Pont qui sépare le paradis de l'enfer.

CÉRÉMONIE RELIGIEUSE AU CAIRE — LE DOSSEH

Il y a bien longtemps, sous le règne d'un musulman mamelouk, un santon très-pieux et faiseur de miracles, nommé *Saad-Eddîn* (bonheur de la religion), dressa ses tentes près du Caire avant de traverser les sables de la mer Rouge pour se rendre à la Mecque. Dès que le sultan eut appris que ce saint homme était arrêté dans les environs de sa ville, il descendit vers lui, escorté d'une grande suite, et le pria de vouloir bien venir habiter dans son palais. Le cheikh refusa. Le sultan ne se tint pas pour battu, il revint le lendemain, apportant des cadeaux magnifiques et suppliant de nouveau Saad-Eddîn d'entrer au Caire : « Je le veux bien, répondit-il, mais j'y ferai un miracle éclatant, afin que les musulmans prévaricateurs écoutent ma voix et se repentent de leurs péchés, qui sont en abomination aux yeux de Dieu l'unique. » On disposa alors, d'après l'ordre de Saad-Eddîn, et sur la route qu'il devait parcourir, tous les vases de verre qu'on put trouver dans la ville. Il monta à cheval et se rendit de sa tente au palais du sultan sur cette voie fragile, sans briser un seul verre. C'est en commémoration de cet événement merveilleux qu'on exécute le Dosseh ; seulement, à cette heure, au lieu d'étendre des bouteilles et des flacons sous les pas du cheval, on y met des hommes.

Le chef des derviches *saadites* (ordre fondé par Saad-Eddîn) et des derviches *rifaïtes* (ordre fondé par Rifaï, disciple de Saad-Eddîn) a seul le droit de passer à cheval sur le sentier humain.....

Une multitude immense et diaprée de tous les costumes de l'Orient remplissait l'Ezbekyeh. Je m'étais juché sur un petit mur qui dominait l'emplacement réservé à la cérémonie. Sur les maisons, dans les arbres, sous les tentes, il y avait des curieux ; il y en avait à pied, en voiture, à cheval, sur des ânes, sur des dromadaires. Un vent de nord-est dur et froid soufflait sans relâche. Je grelottais comme en plein hiver parisien.

Après deux longues heures d'attente, vers midi, je vis de grands mouvements qui se faisaient au loin, et à travers la foule j'aperçus une autre foule qui ondulait comme un serpent. Deminus, enivrés de leurs propres hurlements, fanatisés de macérations et d'abstinence, des hommes marchaient en sautant autour des étendards qu'on portait parmi eux. Escortés par des eunuques qui frappaient à grands coups de bâton ceux qui sortaient des rangs, ils poussaient tous des cris inarticulés, dont la rumeur éclatante et confuse montait vers moi comme une tempête. Quelques-uns d'entre eux s'étaient passé dans les muscles pectoraux ou dans les lèvres des broches de fer qu'ils avaient alourdies d'une orange à chaque bout. La broche et les oranges tremblotaient, à chaque mouvement, dans leur chair ensanglantée. Ils arrivèrent ainsi, courant, bousculant, refoulant la multitude qui ne s'écartait pas assez vite devant ce flot furieux ; et, sous la surveillance et le bâton des eunuques, ils se couchèrent par terre, l'un à côté de l'autre, sur le ventre, en sens inverse, les bras droits le long du corps, impassibles et disant tout bas quelques prières dont le murmure étouffé et indécis ressemblait au bourdonnement d'une ruche. Un homme passa plusieurs fois sur tous ces corps, tassant les uns, écartant les autres et les foulant aux pieds. Enfin, un grand silence se fit, et Cheikh Khodary apparut monté sur un cheval bai brun que deux saïs tenaient en main. Son visage, très-pâle, était encadré d'une jeune barbe noire et coiffé d'un turban de cachemire vert. Il regarda avec une sorte d'effroi cette route où peut-être deux mille hommes étaient étendus. Il arrêta son cheval, leva les mains vers le ciel et pria ; puis, à un geste qu'il fit, les saïs entraînèrent son cheval, montèrent sur cette route humaine, et l'atroce voyage commença. Le cheikh tendait toujours ses mains vers Dieu ; il se renversait peu à peu comme succombant sous le poids de sa mission ; deux hommes s'étaient élancés qui le soutenaient par derrière : toutes les fois que son cheval mettait le pied entre deux corps, il était secoué sur sa selle et semblait près de tomber. A mesure qu'il passait, les patients volontaires se relevaient et se perdaient dans la foule qui se ruait vers eux. Je n'entendis pas un cri de douleur, pas

Cérémonie du Dosseh.

une plainte. Le cheikh entra dans une grande maison, où sa tâche était terminée. Au reste il n'avait plus conscience de lui-même ; quand on le descendit de cheval, il était évanoui.

Maxime Du Camp, le Nil

LES PSYLLES

A côté des saltimbanques viennent naturellement se placer les *psylles*, qui sont fort redoutés au Caire; les serpents leur obéissent, ils peuvent les chasser ou les attirer à volonté. Descendent-ils directement des ophiogènes de l'ancienne Égypte? Ont-ils appris par transmission héréditaire le secret des magiciens qui luttèrent contre Moïse devant le trône de Pharaon, ou ne sont-ils que de très-adroits prestidigitateurs qui jouent avec des serpents, comme les nôtres jouent avec des muscades? Je n'en sais rien.

Je fus curieux de voir de près, d'examiner leurs gestes avec des yeux non prévenus et de me rendre compte, s'il est possible, de leur manière d'opérer; j'en fis donc venir chez moi. Ils arrivèrent au nombre de trois : un vieillard, un jeune homme et un enfant de quinze ans. Ils portaient une besace dans laquelle grouillaient pêle-mêle quelques scorpions, deux vipères *hayeh* et une grande couleuvre noire qui se rencontre dans le Mokattam. L'enfant prit la couleuvre, s'en entoura le corps, l'approcha de ses lèvres et la fit glisser à différentes reprises entre sa blouse et sa chair nue. Il lui cracha dans la gueule, appuya fortement son pouce sur la tête de l'innocent reptile, qui devint immédiatement droit et inflexible comme un bâton. Cet effet, qui étonne d'abord, est très-facile à obtenir. Il suffit de comprimer violemment le très-faible cerveau d'un serpent pour lui donner une attaque de catalepsie qui l'immobilise dans une roideur telle qu'on le briserait plutôt que de le ployer.

Le psylle, à ma prière, entra dans ma chambre, en fit le tour et revint en disant qu'il y avait une vipère. Il se déshabilla devant moi afin de bien me prouver qu'il n'y aurait dans son opération ni fraude, ni supercherie, et, frappant sur les murailles avec une courte baguette, il se mit à siffler sur un mode triste, monotone et lent. Puis il entonna une sorte d'incantation singulière et im-

Charmeurs de serpents.

pérative, qu'il interrompait pour recommencer son sifflement adouci. Il disait : « Au nom de Dieu clément et miséricordieux, je t'adjure! je t'adjure! Si tu es dedans, si tu es dehors, parais! parais! Je t'adjure par le nom si grand que je n'ose le dire! Si tu veux obéir, parais! Si tu veux désobéir, meurs! meurs! meurs! » Puis il lançait en avant ses bras et son corps, qu'il agitait en place. Il se tenait à la porte de ma chambre, d'où je vis sortir un petit serpent grisâtre qui rampait avec agilité sur des nattes luisantes. Le psylle le saisit et me le montra avec orgueil, en me demandant : *Bakhchich ketir*, c'est-à-dire, textuellement, *beaucoup de pourboire*. L'expérience était bien faite, je l'avoue, mais elle ne m'a pas convaincu : le jeune incantateur a parfaitement pu, profitant d'un moment d'inattention de ma part, lancer dans ma chambre un serpent qu'il avait jusque-là tenu caché sous son aisselle.

MAXIME DU CAMP, *le Nil*.

NUBIE ET ABYSSINIE

UN DUEL CHEZ LES AMARRAR, EN NUBIE — ETBAYE ET BICHARIEH

Les duels parmi les peuples de la Nubie ne sont pas rares. J'ai été témoin de l'un d'eux, dont les armes étaient de simples courbaches. Il en est aussi à l'arme blanche.

Chez les Amarrar par exemple, lorsque quelque cas grave conduit deux individus sur le terrain, les chefs de la tribu les y ont précédés; ils s'assoient accroupis, suivant leur coutume, et de manière à former un cercle au milieu duquel se placent, posés à califourchon, l'un contre l'autre, les champions. On leur donne alors un couteau, dont le plus favorisé se sert pour frapper le premier son adversaire, après quoi il lui présente l'instrument pour que celui-ci le frappe à son tour, et ils continuent ainsi, non pas jusqu'à ce que la mort s'ensuive, car il est défendu de frapper des coups mortels, mais jusqu'à ce qu'il plaise aux cheikhs, juges du combat, d'y mettre fin. Ceux-ci, pendant que les combattants se tailladent les bras, les cuisses, les mollets, les épaules, avec une espèce de courtoisie sauvage qui implique l'éloge ou le blâme du dernier coup porté, ceux-ci, dis-je, fument et boivent du lait que l'on fait circuler à la ronde dans des courges, des outres ou d'autres vases. Leurs yeux ont suivi toutes les péripéties du duel, et, quand ils pensent que le sang a suffisamment coulé, ils se lèvent et séparent les deux antagonistes qui s'avouent satisfaits et s'en retournent tranquillement.

Linant de Bellefonds.

LES ABYSSINS

Les chaumières des Abyssins sont circulaires et surmontées d'un grand toit conique; plongées dans des fouillis de verdure, on n'en découvre de loin que cette toiture en chapeau chinois, couverte d'herbes sèches et coiffée elle-même, au sommet, d'un

Chaumière d'Abyssins.

pot de terre par lequel s'échappe la fumée du foyer. Lorsqu'on passe devant ces chaumières, on peut y voir les femmes broyant le blé, le trèfle ou le dourrah sur un banc de pierre, pour faire la farine nécessaire au repas du jour. Mais les femmes amhara vous épargnent la peine d'aller les chercher au sein de leurs travaux domestiques. Si, au milieu du jour, on rencontre sur son chemin un bosquet d'acacias, on est à peu près sûr d'y voir sous l'ombre une Abyssinienne qui file entourée de ses enfants. Dans la province d'Efate, où il y a beaucoup de musulmans, on distingue les femmes chrétiennes à leur costume : elles ont les cheveux courts et bouclés; elles portent une longue tunique blanche, fermée au cou, descendant jusqu'aux pieds, serrée par un cordon autour de leur ceinture, et à laquelle sont attachées de longues manches. Les musulmanes ont la tunique d'un rouge sombre et laissent croître leurs cheveux, qu'elles tressent et dont elles rejettent les nattes derrière leur tête. Les unes et les autres ont pour principale parure des pendants d'oreilles : on dirait de petites grappes de groseilles d'argent; ces grappes s'enchâssent l'une dans l'autre à travers la chair, la relèvent, empruntent un lustre plus vif aux teints cuivrés sur lesquels elles se détachent. Le matin, par le silence de ces lieux, où l'air est aussi sonore que limpide, on entend les femmes abyssiniennes causer du sommet d'une colline à l'autre, et s'adresser d'une voix amicale des questions affectueuses. Si un Abyssin travaille au champ près duquel vous passez, il s'approche avec curiosité de la route au bruit des grelots de votre mule et vous salue avec cordialité. Un curieux spectacle, surtout lorsqu'on arrive pour la première fois dans le pays, c'est de voir paraître sur la crête d'une colline voisine un Amhara à cheval, entourant sa monture des larges bouffants de sa culotte de coton qui s'arrête au genou, le sabre recourbé passé au travers de sa large ceinture blanche.

La religion juive a laissé aux Abyssins l'observation du sabbat; ils en ont gardé une distinction sévère entre les aliments purs et impurs : ils comptent parmi ces derniers une foule d'animaux, tels que le porc, le lièvre, le canard, l'oie, etc. Les habitants du Choa se garderaient bien aussi de manger de la viande d'un animal qui n'aurait pas été tué par une main chrétienne, au nom du Père, du Fils et du Saint-Esprit; il leur est défendu de prendre du café, parce que les musulmans en boivent.

ROCHET D'HÉRICOURT, *Voyage au royaume de Choa.*

BARBARIE ET SAHARA

LE KABYLE

Personne n'ignore que le Kabyle n'est point un Arabe, mais bien un Africain, possesseur originaire du sol, un Berbère, en un mot l'homme du sol, que les différents peuples qui ont tour à tour occupé le littoral de la Méditerranée ont un peu modifié peut-être, mais dont ils n'ont jamais complétement changé les mœurs, et qu'ils ne se sont jamais assimilé.

Cependant, de cette possession à peu près constante du sol par le Kabyle, on aurait tort de conclure à la perpétuité de son langage conservé presque sans altération depuis les temps les plus reculés, pas plus que l'indomptable indépendance de son caractère ne doit faire supposer son sang pur de tout mélange étranger. Il est facile, aujourd'hui encore, de constater des dissemblances remarquables dans la couleur de la peau, des cheveux et des yeux, et l'on peut aisément suivre la gradation du blond clair au noir foncé. Néanmoins, malgré les barbes rousses et les cheveux dorés apportés dans cette contrée d'abord par les Romains et les déserteurs de tous pays que contenaient leurs armées, puis par les Vandales, l'élément arabe lui-même, qui a dû laisser le plus de traces visibles, a été absorbé par la race berbère, fixe et tenace.

DUROUSSET, *Excursions dans la grande Kabylie* (*Tour du monde*).

DANSE DES TÉNÈBRES CHEZ LES ARABES, EN ALGÉRIE

Au bout d'une heure d'attente, nous vîmes un feu, comme une étoile plus rouge que les autres, se mouvoir dans les ténèbres, à hauteur du village; puis le son languissant de la flûte arabe descendit à travers la nuit tranquille et vint nous apprendre que la fête approchait.

Cinq ou six musiciens armés de tambourins, autant de femmes voilées escortées d'un grand nombre d'Arabes qui s'invitaient d'eux-mêmes au divertissement, apparurent enfin au milieu de nos feux, formèrent un grand cercle, et le bal commença.

Ceci n'était pas du Delacroix; toute couleur avait disparu pour ne laisser voir qu'un dessin tantôt estompé d'ombres confuses, tantôt rayé de larges traits de lumière, avec une fantaisie, une audace, une furie d'effet sans pareille. — C'était quelque chose comme la *Ronde de nuit* de Rembrandt, ou plutôt comme une de ses eaux-fortes inachevées : des têtes coiffées de blanc et comme enlevées à vif d'un revers de burin; des bras sans corps, des mains mobiles, dont on ne voyait pas les bras ; des yeux luisants et des dents blanches au milieu de visages presque invisibles; la moitié d'un vêtement attaqué tout à coup en lumière et dont le reste n'existait pas, émergeaient au hasard, et avec d'effrayants caprices, d'une ombre opaque et noire comme de l'encre. Le son étourdissant des flûtes sortait on ne voyait pas d'où, et quatre tambourins de peau qui se montraient à l'endroit le plus éclairé du cercle, comme de grands disques dorés, semblaient s'agiter et retentir d'eux-mêmes. En dehors de cette scène étrange, on ne voyait ni bivouac, ni ciel, ni terre ; au-dessus, autour, partout, il n'y avait plus rien que le noir, ce noir absolu qui doit exister seulement dans l'œil éteint des aveugles.

Aussi la danseuse, debout au centre de cette assemblée attentive à l'examiner, se remuait en cadence avec de longues ondulations de corps ou de petits trépignements convulsifs, tantôt la

Kabyles.

tête à moitié renversée dans une pâmoison mystérieuse, tantôt ses belles mains allongées et ouvertes comme pour une conjuration.

Eugène Fromentin.

POLITESSE DES ARABES EN ALGÉRIE

Le mot *salamalek*, que nous avons pris aux Arabes, suffit à montrer combien les musulmans tiennent aux formules d'urbanité, de quel prix ils estiment cette monnaie courante de la politesse, qui, suivant le mot d'un gentilhomme français, est celle qui coûte le moins et qui rapporte le plus.

Personne, en effet, mieux qu'un Arabe ne sait entourer son abord de ces caresses de langage qui facilitent l'accès et préparent un accueil gracieux et favorable ; personne ne sait mieux se conformer aux exigences respectives des positions sociales, en traitant chacun suivant son rang.

On vous donne ce qu'on vous doit et rien de plus, mais rien de moins.

Tout est gradué ; tout aussi est, en quelque sorte, réglementé, et fait l'objet d'une théorie traditionnelle dont les préceptes sont répétés avec soin par les pères et pratiqués par les enfants avec l'attention qu'ils accordent respectueusement à toutes les leçons de la sagesse des ancêtres.....

L'étiquette officielle est rigoureuse, chaque signe en est noté scrupuleusement.

L'inférieur salue son supérieur en lui baisant la main s'il le rencontre à pied, le genou s'il le trouve à cheval.

Les marabouts et les tolbas, les hommes de la religion, à quelque titre qu'ils lui appartiennent, savent concilier la fierté qu'au fond du cœur ils ont pour la sainteté de leur caractère, l'orgueil de leur caste, avec leur pieuse humilité.

Ils retirent vivement la main, mais ne la dérobent au baiser qu'après que le simple fidèle s'est mis en posture de le donner.

Ils se prêtent à une respectueuse accolade et se laissent effleurer des lèvres la tête ou l'épaule.

Quand un inférieur à cheval aperçoit sur sa route un homme tout à fait considérable, il met pied à terre de loin pour lui embrasser le genou.

Deux égaux s'embrassent sur la figure, ou, s'ils ne sont pas amis, se touchent légèrement la main droite, et chacun se baise ensuite l'index.

Quand passe un chef, tout le monde se lève et le salue en se croisant les mains sur la poitrine.

En outre, dans les grandes occasions, comme une entrée triomphale, le retour d'une heureuse et longue expédition, ce que nous appellerions enfin une cérémonie publique, dans tout ce qui est prétexte à fantasia, les femmes et les jeunes filles poussent avec ensemble des cris de joie sur un ton aigu qui ne manque pas d'un certain charme

Général Daumas, Mœurs et Coutumes de l'Algérie.

LES ARABES DU MAROC

Le costume des soldats est aussi noble dans son ensemble qu'il est simple dans ses détails : les jambes sont nues ; une robe rouge à larges manches, unie ou brodée, suivant le grade, tombe jusqu'à mi-jambe ; une ceinture de cuir rouge la serre autour des reins ; un tarbouch rouge, de forme conique, coiffe ces têtes rasées, comme la *corne* menaçante des antiques Orientaux ; un ample burnous laisse à peine entrevoir la tunique écarlate. Quand ces blancs cavaliers, fièrement assis sur leurs chevaux à longs crins,

Costumes du Maroc. — Une caravane.

passent à l'horizon, enveloppés dans un nuage de plis flottants, le plus humble parmi eux semble grand comme un César.

Si on les compare à ces fashionables qu'on voit, dans nos grandes villes, parader sur leurs chevaux luisants et promener en cadence leur mesquine et bizarre silhouette, on est forcé de reconnaître que l'avantage n'est pas du côté de nos élégants; poussez plus loin le parallèle, vous vous convaincrez que, dans notre Europe savante et industrieuse, le sentiment du beau va chaque jour s'affaiblissant. Vous retrouverez, au milieu de ces populations barbares, les vestiges de la flamme antique, le souffle puissant du génie des arts et de la poésie. Tout chez les Arabes révèle un goût fécond et respire une grâce naïve qui sait rompre victorieusement les entraves d'une industrie grossière et éclater aux yeux les plus inhabiles : architecture, ornementation, costumes, céramique, tout est grand, ingénieux, noble, élégant. Ils ont surtout un merveilleux instinct pour combiner en mille façons les lignes les plus variées et pour en faire des arabesques délicates. Ils ont un vif sentiment des contrastes et des couleurs, ils emploient avec prédilection les plus brillantes et les plus pures : l'écarlate, le bleu céleste, le vert pré, l'orangé, le jaune vif, le violet, se mêlent hardiment dans un ensemble riche et cependant harmonieux. Ils recherchent l'éclat des broderies d'or et d'argent, les perles et toutes les pierres précieuses, les mosaïques variées et de couleurs brillantes. Ils ont horreur des vêtements étriqués, et savent porter avec majesté les belles draperies dont les plis rappellent les statues de la Grèce, les marbres de Phidias.

NARCISSE COTTE, le Maroc contemporain.

UNE FANTASIA AU MAROC

Vers le soir, nous arrivâmes sans encombre en vue de Rabat. Nous traversions alors une plaine élevée, couverte d'herbes odorantes et qui se terminait aux murs de Rabat. A notre gauche, les derniers feux du soleil couvraient d'un réseau mobile la surface de la mer ridée par un vent frais ; à droite, les belles collines de la chaîne Atlantique se fondaient dans des vapeurs irisées. La lune s'élevait ; son mince croissant brillait d'une lumière pure au milieu des étoiles qui parsemaient le ciel comme une poussière étincelante. En ce moment où la nuit et le jour échangent de vagues reflets, je distinguai au loin une troupe de cavaliers vêtus de blanc qui s'avançaient à ma rencontre; ils marchaient au pas et tous de front. Les fils du caïd de Rabat les commandait. Après l'échange du salamalek, ils tournèrent bride et nous marchâmes en silence vers la ville. A peine entendait-on le pas des chevaux sur l'herbe épaisse. Tout à coup des coups de fusil éclatèrent au milieu d'une tempête de cris horribles, un nuage de fumée vint crever devant nous, et, du milieu de ce nuage, une foule de cavaliers partirent bride abattue dans toutes les directions ; la flamme de la poudre les éclairait de reflets fantastiques et faisait jaillir mille éclairs de leurs longs fusils qui tournoyaient autour de leurs têtes comme soutenues par des mains invisibles. C'était une fantasia, mais une fantasia comme je n'en vis jamais depuis. Les détonations, les cris de guerre, partaient de tous côtés; un tourbillon vivant roulait autour de nous ; les coups de feu partaient sous le ventre des chevaux et presque sur nos poitrines. Il arrive fréquemment que, dans cet exercice national, quelque cavalier oublie sa baguette dans le canon du fusil; aussi étais-je dans des transes que je m'efforçais de dissimuler sous une apparence impassible.

Narcisse Cotte, *le Maroc contemporain*.

LES SANTONS AU MAROC (MŒURS MUSULMANES)

Au Maroc, pour être inscrit au catalogue des saints, il suffit d'être fou, idiot, imbécile, ou même de savoir paraître tel. Le titre de saint se donne aussi à quelques sombres dévots qui savent étonner par des pratiques ou des mœurs singulières : ceux-là sont les plus malfaisants. Le respect dont les musulmans entourent les insensés aurait quelque chose de touchant s'il s'adressait toujours à des infortunés privés de raison et s'il exprimait une pitié inspirée par le malheur. Mais, outre que les priviléges accordés aux saints constituent un outrage permanent à la raison et aux mœurs, ils couvrent le plus souvent l'hypocrisie et les vices grossiers de ceux qui demandent à cette singulière profession des avantages plus enviables que ceux qui résultent de la vie ordinaire. Beaucoup de fourbes affectent donc les dehors de la folie et profitent de la crédulité, qui songe rarement à examiner leurs droits ou à contester leurs priviléges et leur sainteté. Les uns sont fous furieux, les autres rient sans cesse aux éclats, d'autres pleurent, d'autres ne cessent de parler à haute voix ou de débiter des paroles habilement ménagées pour l'effet qu'ils en attendent. La foule recueille ces paroles comme autant de révélations. « Leur esprit, dit-on, s'est envolé à Dieu ! *Emcha and Allah !* » Chaque fois que leurs lèvres laissent échapper des notes entrecoupées, c'est Dieu même qui se substitue à leur raison absente et qui prononce des oracles. Il est aisé de concevoir tout ce qui résulte d'une semblable opinion profondément enracinée. Lorsqu'un saint affirme quelque fait, ce fait, fût-il contraire à l'évidence, est aussitôt accepté comme incontestable.....

Narcisse Cotte, *le Maroc contemporain*.

LES TOUAREG

Les Touareg, une des grandes branches de la famille berbère, sont les véritables enfants du désert. Leur taille est assez élevée, leur tournure ne manque pas d'une certaine majesté. Ils ont le front haut, mais étroit, les yeux expressifs, le nez presque aquilin, les lèvres peu épaisses; ils appartiennent à la race caucasique, et sont en général presque aussi blancs que les habitants du midi de l'Europe. Ils portent de grandes moustaches, qu'ils dérobent sous un voile épais. Lorsqu'on leur demande le motif qui les engage à se couvrir le visage, ils répondent « que les hommes de leur dignité ne doivent pas se laisser voir ».

Quand ils prennent leurs repas, ils se cachent derrière leurs boucliers. Cet usage n'est qu'une précaution hygiénique contre la poussière soulevée continuellement par le vent du désert.

Vêtus d'un burnous et d'un voile bleu qui s'enroule autour de leur visage, armés de longs fusils à silex, d'un sabre recourbé, d'un poignard et d'une lance, tenant à la main un bouclier de peau d'hippopotame, tour à tour guerriers et pasteurs, les Touareg sont les rois absolus du Sahara, qu'ils parcourent sans cesse, conduisant, rançonnant ou pillant les caravanes.

Leurs espions, répandus en tous sens, les tiennent en éveil sur les moindres incidents des plaines sans fin du Sahara. Une télégraphie mystérieuse les prévient immédiatement du passage d'un convoi de marchandises ou des préparatifs de guerre d'une tribu ennemie. Ils sont toujours prêts au départ; ils plient leurs tentes, s'élancent sur leurs légers *mahara*, et ont bientôt atteint le but vers lequel ils tendent. On prétend que leurs dromadaires parcourent en un seul jour la distance de quatre-vingts lieues; aussi un proverbe arabe dit-il avec raison que la « vraie richesse des Touareg, ce sont les mahara ».

Que de sollicitude, que d'attention pour ces montures dociles et rapides!.....

Touareg.

Les Touareg aiment passionnément la vie indépendante; plus sensibles en général aux joies brutales des combats qu'au bonheur tranquille de la paix, ils semblent peu soucieux des vertus patriarcales et des préceptes religieux. Ils sont musulmans, mais prient peu, ne jeûnent point et ne font pas les ablutions prescrites. Le Coran ordonne de soigner les animaux; ils sont plus expéditifs: d'un seul coup de sabre ils leur tranchent la tête.

Ils remplacent les prières par des chants guerriers, et les fêtes religieuses par des simulacres de combats.

La guerre, la chasse, les razzias, les courses sans fin dans ces plaines immenses, tels sont les plaisirs dont s'enivrent ces intrépides enfants du désert. Leur patrie leur paraît préférable à toutes les autres contrées. « Qui voudrait jamais la quitter? disent-ils. La vie y est bonne et libre, et c'est un beau pays! Le gibier y fourmille, la chasse y est facile; les chèvres, les brebis et les chamelles y sont des sources de lait. Beau pays, aimé de Dieu et loin des sultans! »

« Toutes les armes sont à craindre, s'écrient-ils encore; mais la meilleure, c'est le sabre, le large sabre de Radamès ou du Maroc.

» Les balles et le fusil trompent souvent.

» La lance est la sœur du cavalier, mais elle peut le trahir.

» Le bouclier, c'est autour de lui que se groupent les malheureux.

» Le sabre! le sabre! c'est l'arme du Targui[1], quand le cœur est aussi fort que le bras. »

Par malheur, ces vertus grossières dégénèrent trop souvent en brigandage.

R. C., Peuples et voyageurs contemporains.

1. Targui est le singulier de Touareg.

EXPÉDITIONS DES TOUAREG

Les grandes expéditions, soit sur le pays des nègres, soit sur le Tidikelt ou sur les Chamba, soit sur une caravane qu'on sait être en marche, sont décidées dans un conseil tenu par les chefs.

Tous ceux qui doivent partager les dangers et les bénéfices de l'entreprise partent, quelquefois au nombre de quinze cents ou deux mille hommes, montés sur leurs meilleurs mahara (chameaux). La selle d'expédition est placée entre la bosse de l'animal et son garrot; la palette de derrière en est large est très-élevée, beaucoup plus que le pommeau de devant, et souvent ornée de franges de soie de diverses couleurs. Le cavalier y est comme dans un fauteuil, les jambes croisées, armé de sa lance, de son sabre et de son bouclier; il guide son chameau avec une seule rêne attachée sur le nez de l'animal par une espèce de caveçon, et parcourt ainsi des distances énormes, vingt-cinq ou trente lieues par jour, sans se fatiguer.

Chacun ayant sa provision d'eau et de dattes, la bande entière se met en marche à jour convenu, plutôt à nuit convenue; car, pour éviter les chaleurs du soleil et l'éclat des sables, elle ne voyage que de nuit en se guidant sur les étoiles. A quatre ou cinq lieues du but de l'expédition, tous mettent pied à terre et font coucher leurs chameaux, qu'ils laissent à la garde des plus fatigués d'entre eux et des malades. Si c'est une caravane qu'ils veulent attaquer et qu'elle ne soit pas trop forte, ils se jettent sur elle en hurlant un effroyable cri de guerre; ils entrent dedans à coups de sabre et de lance, non point qu'ils frappent au hasard cependant; l'expérience leur a appris à frapper leurs ennemis aux jambes : chaque coup de leur large sabre met un homme à bas. Quand le carnage est fini, le pillage commence : à chacun sa part désignée par les chefs. Les vaincus morts ou blessés, ils les laissent là sans les mutiler, sans leur couper la tête, mais dans l'agonie du désespoir, au milieu du désert!

Général Daumas, *Mœurs et Coutumes de l'Algérie.*

SOUDAN

PARURES DES CHILLOUK (HAUT NIL)

Bien qu'étrangers aux raffinements de la parfumerie européenne, les Chillouk n'en ont pas moins leurs cosmétiques, à savoir une couche de cendre qui les protége contre les insectes. Lorsque la cendre provient d'un bois quelconque, l'individu est absolument de couleur grise, ce qui est la livrée des pauvres. Quand elle est faite avec de la bouse, elle donne au corps une teinte rousse qui fait reconnaître les riches. La cendre, la bouse et l'urine de vache sont ici les éléments indispensables de la toilette; le dernier de ces trois produits sert, en outre, au lavage de tous les récipients du lait, sans doute pour suppléer au manque de sel.

Comme la plupart des Africains peu vêtus, les Chillouk donnent la plus grande attention à leur coiffure. Chez les hommes, l'application répétée d'argile, de gomme et de bouse de vache agglutine et roidit si bien la chevelure, que celle-ci prend et conserve la forme voulue, soit une crête, soit un casque ou un éventail. La plus grande variété s'observe à cet égard. On voit beaucoup de gens avec une bande transversale de la hauteur de la main, bande qui va d'une oreille à l'autre et constitue un nimbe de couleur grise, terminé derrière la tête par deux pendeloques circulaires. Une forme assez commune, et qui produit l'effet le plus grotesque, est l'imitation du casque de la pintade. De temps en temps on rencontre des têtes à peu près rases. Est-ce par suite d'une maladie ou de quelque chute qui aura brisé l'édifice? Je l'ignore. En pareil cas, on voit souvent un curieux appendice attaché sur le front, une sorte d'abat-jour taillé dans la crinière d'une girafe. Cette visière de poil n'est pas étrangère aux Cafres du sud.

George Schweinfurth, *Au cœur de l'Afrique*,
trad. par Mme H. Loreau (*Tour du monde*).

LE LUXE CHEZ LES NOUERR ET LES BARI (HAUT NIL)

Les Nouerr frottent leurs corps de cendre et se servent d'un mélange de cendre et d'urine de vache pour se teindre les cheveux en rouge; ce qui leur donne un aspect affreusement diabolique.....

Les hommes portent au cou des colliers de perles fort lourds; aux bras, des anneaux qui sont en haut faits d'ivoire et au poignet fabriqués en cuivre, sans compter un horrible bracelet de fer massif qu'arment des pointes longues d'un pouce à peu près et qui ressemblent aux griffes d'un léopard.

Quant aux femmes, pour achever de s'embellir, elles pratiquent une incision dans leur lèvre supérieure et s'y plantent un fil de fer qui s'avance de quatre pouces, comme la corne d'un rhinocéros, et qu'elles ornent de verroteries. Elles sont hideuses. Les hommes, malgré leur taille et leur vigueur, ne sont guère plus beaux. Leurs pipes contiennent près d'un quart de livre de tabac, et, si le tabac vient à leur manquer, ils y fument du charbon de bois. Le sac qu'ils suspendent à leur cou est sans doute destiné à contenir les cadeaux qu'on leur fait.

La polygamie est permise chez eux, comme chez la plupart des sauvages qui habitent les climats chauds; et, lorsqu'un homme est très-âgé, ses nombreuses jeunes femmes deviennent l'héritage de son fils aîné.

Leurs demeures sont des modèles de propreté. Chaque famille a un domicile entouré d'une haie impénétrable d'euphorbes.

Dans un coin de la cour on enterre les membres de la famille, et sur la sépulture on pose à un bout un plateau supportant des crânes de bœuf garnis de leurs cornes, à l'autre une touffe de plumes de coq. Les femmes bari ont généralement la tête rasée. Comme celles des Cheur, elles portent pour tout costume un tablier d'environ six pouces, élégamment brodé en perles ou fait de petits anneaux de fer, semblable à une cotte de mailles; par derrière pend la queue accoutumée, faite de lanières de cuir fort déliées ou de ficelles fabriquées avec le coton du pays. Ce tablier et la queue qui l'accompagne sont attachés à une ceinture qui entoure le bas du torse, en sorte que la toilette de ces dames est achevée tout d'un coup. A la rigueur, cette queue ne manquerait pas d'utilité si elle pouvait leur servir à chasser les mouches, vrai fléau du pays. Au reste, l'ensemble de la parure est en apparence plus compliqué. Elle n'est en effet complète que lorsque l'estomac, le dos, les côtes et le ventre sont couverts d'un tatouage serré qui ressemble à des écailles de poisson et auquel un enduit d'ocre rouge donne l'air de briques nouvellement cuites.

Les hommes se parent des mêmes tatouages et de la même ocre. Ils sont bien faits. Pas plus que les femmes, ils n'ont le nez épaté ni les grosses lèvres que nous considérons comme les traits caractéristiques des nègres. Leur figure est régulière, mais leur chevelure reste laineuse. Ils n'en conservent qu'une petite touffe au sommet de la tête, où ils plantent une ou deux plumes.

Chaque homme porte sur lui ses armes, sa pipe et son tabouret, et, quand il est posé debout sur un pied, il les tient à la main, sauf le tabouret, attaché à son dos. Leurs flèches sont empoisonnées ou avec une résine qui vient d'un pays lointain, à l'ouest de Gondokoro, ou avec le suc d'une espèce d'euphorbe commune aux environs. Les pointes en sont faites avec une habileté diabolique. Les unes sont fixées au bois par des emboîtures; les autres se détachent lorsqu'on essaye de les retirer et restent dans la blessure, de façon que le poison s'absorbe avant qu'on ait pu retirer la pointe de la flèche. Les arcs sont formés de bambous mâles, toujours tendus, très-durs, mais dépourvus d'élasticité. Quant aux flèches, dénudées de plumes, ce ne sont que des roseaux ou des baguettes de bois léger dont la base est un peu renflée pour offrir un point d'appui à la corde. Celle-ci ne se tire pas de la façon ordinaire. La flèche n'est tenue qu'entre la jointure du milieu de l'index et le pouce, de façon que, l'arc n'ayant aucune élasticité, la portée des flèches ne dépasse pas cent dix mètres.

<p style="text-align:right">BAKER, Voyage à l'Albert Nyanza ou lac Albert,
trad. par Belin de Launay (<i>Tour du monde</i>).</p>

LES HABITATIONS DES DIOUR (HAUT NIL)

Dans toute la partie de l'Afrique que j'ai visitée, je n'ai pas rencontré une seule tribu dont l'architecture m'offrît une disposition qui ne lui fût particulière. Les cases des Dioûr ne ressemblent pas à celles des Chillouk, qui sont en forme de champignon, ni aux habitations des Dinka, habitations plus massives que distinguent des appentis et des porches. Ce sont en général des constructions fort simples, sans ornements d'aucune sorte, mais qui néanmoins présentent dans leur structure le soin et la symétrie que tous les nègres paraissent apporter dans l'érection de leurs demeures. Un clayonnage fait de bois ou de bambous, et recouvert d'argile, en constitue la muraille. La toiture est simplement une pyramide de chaume qui aurait pour section un triangle équilatéral.

Chacune de ces huttes contient un large récipient de la forme d'une bouteille, énorme jarre de vannerie dans laquelle on serre le grain. Pour les protéger contre les attaques des rats, ces

Les Diourès.

paniers sont recouverts d'une couche épaisse d'argile; ils ont souvent cinq ou six pieds de hauteur et occupent une grande partie de la hutte. Quelquefois ces récipients sont faits d'un mélange de terre et de paille hachée. Il arrive fréquemment qu'ils survivent aux cases qui les renfermaient; on les prendrait alors pour les anciens fours des habitations détruites. Ce meuble, qui en arabe du Soudan s'appelle *gougah*, a été emprunté aux Dinka par les Dioûr; on ne le trouve ni chez les Bongo ni chez les Niam-Niam, qui se font des greniers en dehors de leurs cases.

George Schweinfurth, *Au cœur de l'Afrique*,
trad. par Mme H. Loreau (*Tour du monde*).

TRAITS DE MŒURS A LA COUR DE L'OUGANDA (AFRIQUE INTÉRIEURE)

Dès que j'eus consenti, moyennant les égards qui m'étaient témoignés, à me conformer aux usages du pays, je fus introduit sans plus de retard auprès de Mtésa, roi d'Ouganda.....

La journée semblait consacrée aux affaires; car, outre les grands officiers, on voyait paraître à chaque instant et défiler sous les yeux du monarque des lots de femmes, de vaches, de chèvres, de volailles, produit de diverses confiscations, des paniers de poissons, des antilopes en cage, des porcs-épics, des rats d'espèce particulière pris et apportés par les gardes-chasse de la couronne. Les tisserands arrivaient avec leurs mbugu, les magiciens avec leurs terres de couleur et leurs baguettes charmées; mais, sur ces entrefaites, il se mit à pleuvoir, les courtisans se dispersèrent, et il ne me resta plus qu'à me promener çà et là sous mon parapluie, non sans quelque rancune contre cet hôte orgueilleux qui ne songeait même pas à m'offrir l'abri de sa hutte. Lorsque, l'orage dissipé, nous nous rassemblâmes de nouveau, je le trouvai siégeant comme naguère ; mais cette fois il avait devant lui la tête d'un taureau noir, à côté de laquelle gisait une des cornes, abattue d'un coup de masse. Quatre vaches en liberté circulaient autour de l'assistance. Je fus requis de les tuer en aussi peu de temps qu'il me serait possible ; mais, n'ayant pas de balles pour mon fusil, il me fallut emprunter à Mtésa le revolver dont je lui avais fait présent, et, en quelques secondes, les vaches étaient par terre ; la dernière pourtant, que j'avais seulement blessée du premier coup, fit mine de se jeter sur moi, et je dus l'achever avec la cinquième balle du revolver, — haut fait *merveilleux*, qui me valut de brillants applaudissements et à la suite duquel les quatre animaux tués furent donnés à mes gens.

Le roi se mit ensuite à charger de ses propres mains une des carabines que je lui avais données, et, la remettant tout armée à un page, lui enjoignit « d'aller tuer un homme dans l'autre cour ». Le marmot partit, nous entendîmes la détonation, et nous le vîmes revenir presque aussitôt avec la même grimace de satisfaction, le même air de malice heureuse que s'il eût déniché un oiseau, trouvé une truite au bout de sa ligne, bref, exécuté quelqu'un de ces tours d'adresse dont les enfants tirent si volontiers vanité.

« Et vous vous en êtes bien acquitté ? » lui dit le roi.

« — A merveille ! » repartit l'apprenti bourreau.

Il ne mentait pas, bien certainement ; son maître n'entendait pas raillerie. Mais l'incident ne parut intéresser personne ; aucun des assistants ne me dit et ne semblait désirer savoir quel individu avait reçu la mort des mains de ce petit drôle.

Capitaine SPEKE, *les Sources du Nil.*

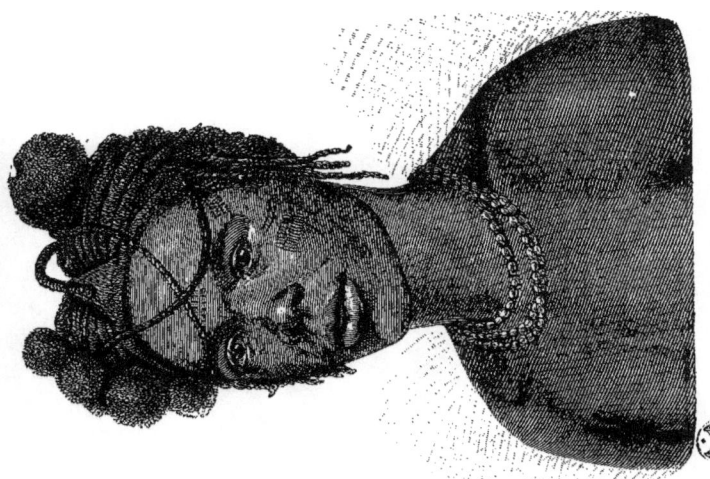
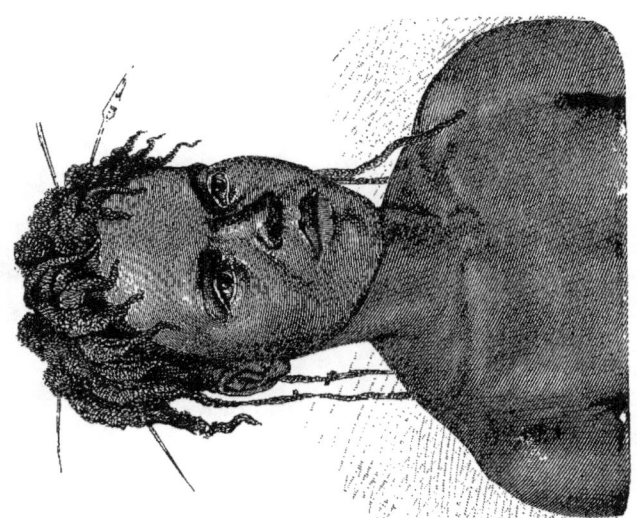

Niam-Niam.

NIAM-NIAM (AFRIQUE INTÉRIEURE)

A part les traits spéciaux qui les distinguent, caractères de race qui, plus ou moins accentués, marquent les différents groupes de la famille humaine, les Niam-Niam sont des hommes de la même nature que les autres; ils ont les mêmes passions, les mêmes joies, les mêmes douleurs que nous. J'ai échangé avec eux mainte et mainte plaisanterie, j'ai pris part à leurs jeux enfantins, qu'animait le bruit de leurs tambours ou le son de leurs mandolines, et j'ai trouvé chez eux la gaieté et la verve que l'on rencontre ailleurs.

Le nom sous lequel nous les connaissons, et qui doit se prononcer *Gnam-Gnam*[1], est emprunté à la langue dinka; il signifie *mangeurs*, ou plutôt *grands mangeurs*, et très-évidemment fait allusion au cannibalisme des gens qu'il désigne.

Pour les Nubiens, qui l'ont complétement adoptée, cette dénomination est tellement associée à l'idée d'anthropophagie, que parfois ils l'appliquent à d'autres peuplades n'ayant avec la nation qui nous occupe d'autre rapport que leur goût pour la chair humaine.

Quant aux Niam-Niam, ils se donnent à eux-mêmes le nom de *Zandeh*.....

La plus grande partie de leur territoire est située entre les 4º et 6º degrés de latitude nord.

Une ligne idéale tirée d'orient en occident, à égale distance des frontières nord et sud du pays, concorderait avec la ligne de faîte qui sépare le bassin du Nil de celui du lac Tchad. Mon voyage ne m'a fait parcourir que la portion orientale de la con-

---

[1]. On a cru pendant longtemps que les Niam-Niam avaient un appendice caudal. Une bande passant entre les jambes et allant s'épanouir au bas des reins en un large éventail constitue le fameux appendice qui, vu de loin, a produit l'effet d'une queue. Le mot de l'énigme fut donné par M. Lejean, qui montra l'ornement lui-même à la société de géographie. Cette queue avait été détachée du corps d'un Niam-Niam pris sur un champ de bataille.

trée; mais, dans cette province, que traversent les bandes de quelques marchands, et qui, autant que je peux le croire, est bornée à l'est par le cours supérieur du Tondj, il m'a été donné d'être en rapport avec trente-cinq chefs indépendants.

En prenant pour base le nombre d'hommes que les chefs dont j'ai traversé les districts peuvent mettre sous les armes, et en admettant la même proportion pour la zone occidentale, la partie connue aurait au moins deux millions d'habitants.

Il n'est pas de voyageur qui, après avoir franchi la province du Ghazal, où des tribus d'une si grande diversité se mêlent confusément sur un terrain si uniforme ; il n'est pas de voyageur, disons-nous, qui, après cela, arrivant chez les Niam-Niam, ne soit frappé de la différence que présentent ceux qui l'entourent. Les caractères qu'ils offrent sont tellement tranchés, qu'on les reconnaît immédiatement au milieu des foules les plus nombreuses, et ces caractères sont de telle nature, qu'ils font paraître d'un intérêt secondaire tous les indigènes que l'on a vus jusque-là.

Les Niam-Niam ont la tête ronde et large, et doivent être mis au nombre des sous-brachycéphales. Leurs cheveux abondants et crépus sont bien réellement ceux des nègres, mais la longueur en est extraordinaire : divisés par mèches tordues ou nattées, ils flottent sur les épaules et tombent parfois plus bas que la taille.

Les yeux, coupés en amande, légèrement relevés à l'angle extérieur, surmontés de sourcils épais et nettement dessinés, sont d'une grandeur remarquable. La distance qui les sépare témoigne de la largeur exceptionnelle du crâne et mitige ce qu'ils auraient de féroce, en mêlant à leur vivacité pleine de feu une expression de franchise ingénue. Un nez droit et large, égal dans toute sa longueur ; une bouche dont les commissures ne dépassent pas les coins des narines; de grosses lèvres, des joues pleines, un menton arrondi, complètent le visage, dont la coupe est ordinairement ronde.

En général, le corps a une tendance à l'embonpoint et annonce

Habitation d'un chef de l'Ouganda.

rarement une grande force musculaire. La taille n'excède pas la moyenne de celle des Européens : un mètre quatre-vingts centimètres est le chiffre le plus élevé de toutes les mesures que j'ai prises.....

Guerriers niam-niam.

Comme trait caractéristique de leur nationalité, les Niam-Niam se font, par le tatouage, des carrés composés de points et qui au nombre de trois ou quatre, se placent indifféremment sur le front, sur les tempes ou sur les joues. Ils ont en outre, sur le ventre, une espèce de cartouche qui figure à peu près une croix de Saint-André ; et comme parure ils se tracent, toujours au moyen du tatouage, des rubans, des lignes, des zigzags sur la poitrine et sur le haut des bras.

On ne voit chez eux de mutilation d'aucun genre, excepté à l'égard des incisives, qui, d'après un usage très-répandu au centre de l'Afrique, sont limées en pointe, afin de les rendre plus mordantes, et par suite plus efficaces dans le combat.

George Schweinfurth, *Au cœur de l'Afrique*,
trad. par Mme Henriette Loreau.

LES AKKA (1) OU PYGMÉES D'AFRIQUE

Pendant mon séjour dans les zéribas, établissements des commerçants européens, j'entendis souvent parler des nains que l'on voyait chez les princes niam-niam, où, d'après les témoins oculaires, ils jouaient le rôle de bouffon. Malgré les embellissements du récit, il était évident qu'il y avait là un fait réel; seulement, je crus qu'il s'agissait de phénomènes pathologiques recherchés par les princes à titre de curiosité; il ne m'entra pas dans l'esprit qu'il pouvait y avoir une série de tribus dont la taille était bien inférieure à celle des autres peuples.

Plusieurs jours s'écoulèrent sans que je visse aucun des petits personnages dont il avait été question; mes serviteurs affirmaient pourtant qu'ils en avaient rencontré.....

Mais un matin j'entends des exclamations; je m'informe, et j'apprends qu'Abs-es-Sâmat s'est emparé d'un nain de la suite du roi et qu'il me l'apporte. Je vois en effet arriver Sâmat, ayant sur l'épaule une étrange petite créature dont la tête s'agite convulsivement, et qui jette partout des regards pleins d'effroi.

1. Les Akka, population de très-petite taille, qui habite la région à l'ouest du lac Albert, ne sont autres que les Pygmées du fameux bouclier d'Homère.

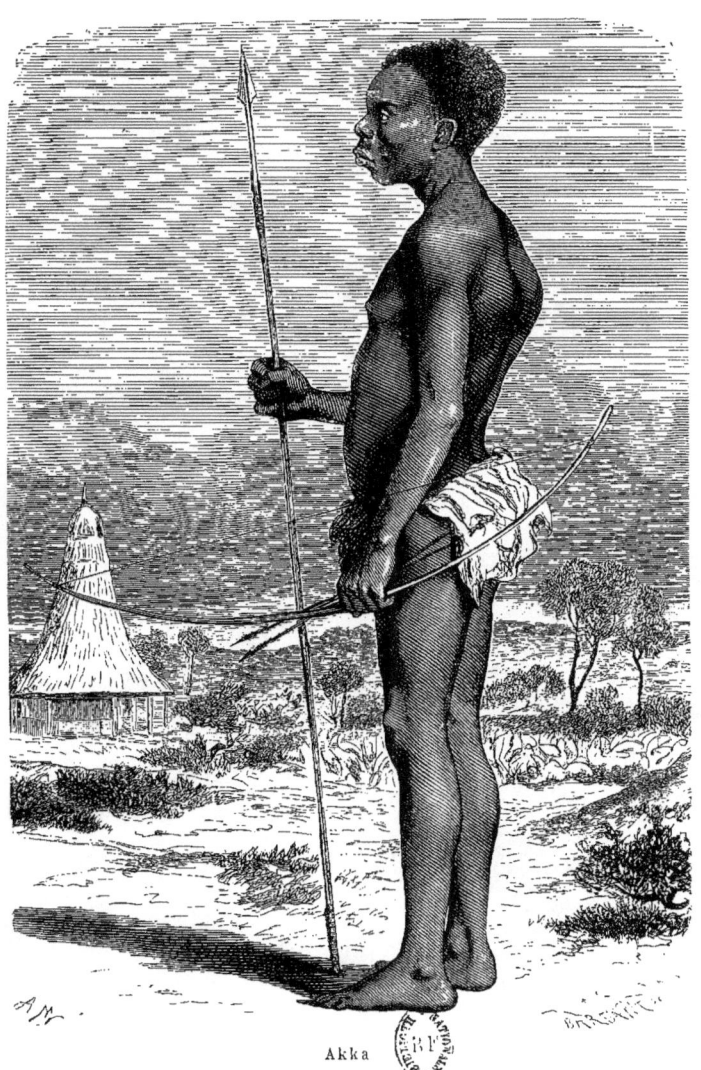

Akka

Le Kenousien dépose son fardeau sur le siége d'honneur ; l'interprète royal se place auprès du siége. J'ai enfin sous les yeux une incarnation vivante de ce mythe répandu il y a plusieurs milliers d'années.

Sans perdre de temps, et avec une ardeur facile à comprendre, je fais le portrait du nain. Je le presse d'innombrables questions ; mais l'interroger est plus facile que d'avoir la réponse. C'est avec une extrême difficulté qu'on le fait rester tranquille ; on n'y parvient qu'à force de présents. Je comble l'interprète pour qu'il le rassure. Il y arrive si bien, qu'au bout de deux heures le pygmée est esquissé, mesuré, festoyé, chargé de cadeaux et soumis à un minutieux interrogatoire. . . . .

Tout à coup, ennuyé de la séance, le petit chef exécute un bond prodigieux, qui le place hors de la tente mais qui le fait retomber au milieu de nos gens. On l'arrête, de nouvelles cajoleries triomphent de son impatience, et nous finissons par obtenir quelques figures de sa danse guerrière. Il porte le vêtement d'écorce et le bonnet à plumes des Mombouttou ; une lance, un arc et des flèches en miniature complètent son costume. Sa taille est d'un mètre cinquante ; c'est le chiffre le plus élevé que m'aient fourni les gens de sa race.

Bien que les danses guerrières des Niam-Niam ait plus d'une fois excité ma surprise, j'avoue que celle de l'Akka me surprend davantage. En dépit de son gros ventre, de ses jambes courtes et arquées, en dépit de son âge, car il est vieux, Adimokou fait preuve d'une agilité qui surpasse tout ce qu'on peut dire ; je me demande si les grues pourraient jamais lutter avec de pareils êtres. Les bonds du petit chef et sa pantomime d'une vivacité inouïe ont une expression à la fois si burlesque et si variée, que tous les spectateurs s'en tiennent les côtes. Il m'est dit, par l'interprète, que les Akka traversent les grandes herbes en bondissant à la manière des sauterelles, qu'ils approchent de l'éléphant, lui mettent leur flèche dans l'œil, et, comme le disaient les Nubiens, vont l'éventrer d'un coup de lance.

Adimokou fut satisfait de sa visite. Je lui avais fait comprendre que je verrais avec plaisir d'autres gens de son peuple. Il en vint deux le lendemain; ceux-là étaient jeunes. Une fois la glace rompue, j'eus des Akka presque tous les jours. Dans le nombre se trouvèrent quelques hommes d'une taille plus élevée. . .

A cette époque, Moûmméri vint mettre aux pieds du roi un nouveau butin, fruit d'une nouvelle maraude. Parmi les gens de sa suite, figuraient plusieurs centaines d'Akka. J'ignorais son arrivée, et j'étais allé ce jour-là faire une longue course. Le soir, comme je passais près de la demeure royale pour rentrer chez moi, je vis une foule de petits bonshommes qui me parurent jouer aux soldats, et que je pris pour des gamins d'une rare insolence. Ils avaient l'arc tendu et me visaient d'un air qui me fit éprouver une certaine irritation. « Vous les prenez pour des enfants, me dirent mes Niam-Niam, ce sont bel et bien des hommes ; ils savent se battre. » L'arrivée très-opportune de Moûmméri, qui vint me saluer, mit fin à la scène et m'empêcha d'étudier le petit régiment. « Ce sera pour demain, » pensai-je, mais je comptais sans mon hôte ; le soleil n'était pas levé, que Moûmméri avait disparu avec toute sa bande, replongeant pour moi dans les ténèbres ce peuple si voisin et cependant insaisissable. De même la visite que je voulais faire au village des Akka du roi fut remise de jour en jour, et il fallut partir sans avoir exécuté ce projet.

George Schweinfurth, *Au cœur de l'Afrique*,
trad. par Mme Henriette Loreau.

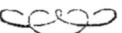

ÉTRANGE MONNAIE DU SOUDAN OCCIDENTAL

De même que chez nous on compte en centimes et qu'on paye de fortes sommes en or ou billets de banque, il existe à Ségou une autre monnaie, monnaie vivante : c'est l'homme, c'est la femme, c'est surtout l'enfant, enlevé à sa mère dès qu'il est sevré, ou

Esclaves du Soudan.

plutôt, c'est horrible à dire, à entendre et surtout à voir, c'est l'esclave.

Oui, l'esclave n'est pas seulement vendu comme sur les marchés d'Amérique, de la Havane ou de tout autre point du globe, l'esclave ici est une valeur fictive. « Combien ce cheval? trois captifs. Combien ce bœuf? un demi-captif. » Et ne croyez pas que ce soit une plaisanterie; je l'ai entendu non pas une fois, mais mille. Ce demi, bien entendu, ne se paye pas en nature; on s'acquitte avec un mauvais esclave qui n'a pas la valeur courante de 20,000 cauris, ou un enfant en bas âge, ou même avec des cauris, une couverture ou un vêtement.

Le plus bel adolescent du pays, bon à faire un *sofa*, c'est-à-dire un esclave guerrier âgé de quinze ans, voilà la plus haute monnaie du pays; elle représente quelquefois jusqu'à deux captifs ordinaires. Une belle fille d'Ève, en possession de tous ses avantages physiques, propre à faire une *tara* (une épouse de second ordre), le dispute quelquefois, pour le prix, à ce que je viens de citer.

Mais l'esclave courant, c'est la femme faite, de dix-huit à trente ans, dépourvue de grande beauté, surtout lorsque rien ne trahit en elle une noble origine.

MAGE, *Bulletin de la Société de géographie.*

GUINÉE

RITES FUNÉRAIRES SUR LA COTE DE GUINÉE (GRAND-BASSAM)

Les rites funéraires s'exécutent avec pompe dans la famille souveraine du Baïn. Le corps du défunt, couvert de ses anneaux et de ses bracelets les plus riches, est exposé sur un lit d'apparat. Souvent un masque d'or lui couvre le visage. Il est d'étiquette qu'il doit être accompagné d'un certain nombre de personnes des deux sexes, que l'on attire ordinairement par l'appât d'un bon repas. Pendant qu'alléchées par les mets les plus délicats les filles que l'on veut sacrifier se livrent tout entières à leur gourmandise, l'étrangleur passe en silence derrière elles et leur luxe le cou comme à une timide colombe. Les garçons, que l'on a fait entrer dans un appartement différent, sont également saisis au milieu du festin qui leur sert d'appât. Le glaive doit séparer leur tête du tronc, et leur sang est répandu sur la future tombe. Le cadavre du chef doit reposer sur les corps de ces adolescents, destinés à lui servir d'échansons dans l'autre vie. Bien des gens se sacrifient volontairement, au Dahomey, pour avoir l'honneur d'être gentilshommes de la chambre après leur mort.

FLEURIOT DE LANGLE, Croisières à la côte d'Afrique
(Tour du Monde).

LA FÊTE DES COUTUMES AU DAHOMEY

On me mena vers une haute plate-forme où trônait le roi, et d'où Sa Majesté adressait à son peuple ce que l'on pourrait appeler un *prêche* de guerre, car il lui promettait de le conduire, dès le mois de novembre, à l'attaque d'Abbéokuta. Des cauris, des vêtements et des flots de rhum furent distribués à la foule en forme de péroraison.

Vis-à-vis de la plate-forme et dans toute la largeur de la place, étaient alignées des rangées de têtes humaines, fraîches et saignantes, et tout le sol du marché était saturé de sang.

Ces têtes étaient celles d'un certain nombre de captifs provenant de la prise d'Ichagga et que l'on avait massacrés la nuit précédente, après avoir épuisé sur eux l'art diabolique des tortures !..

Cinq jours encore se passèrent pendant lesquels on me retint confiné dans ma demeure, avec défense expresse de hasarder un pas ou un regard au dehors après le coucher du soleil. Tout d'un coup le sol d'Abomey fut ébranlé par une violente secousse de tremblement de terre ; je fus conduit de nouveau sur la place du Marché, où je trouvai le roi siégeant sur sa plate-forme au milieu de ses éternelles amazones. Il me dit que ce que je prenais pour un tremblement de terre n'était autre chose que l'esprit même de son père se plaignant du peu de soin que l'on apportait à la célébration des *Coutumes* antiques et sacrées. Puis il fit approcher trois chefs ichaggans, spécialement chargés par lui d'aller apprendre à son père que les Coutumes seraient dorénavant observées mieux que jamais. Chacun de ces malheureux reçut de la main du roi une bouteille de rhum, une filière de cauris.., puis fut immédiatement décapité.

On apporta ensuite vingt-quatre mannes ou corbeilles, contenant, chacune, un homme vivant, dont la tête seule passait au dehors. On les aligna un instant sous les yeux du roi, puis on les précipita, l'un après l'autre, du haut de la plate-forme sur le sol de la place, où la multitude, dansant, chantant et hurlant, se disputait cette aubaine, comme, en d'autres contrées, les enfants se disputent les dragées de baptême. Tout Dahomyen assez favorisé du sort pour saisir une victime et lui scier la tête pouvait aller échanger à l'instant même ce trophée contre une filière de cauris (environ 2 fr. 50); ce n'est que lorsque la dernière victime eut été décollée et que deux piles sanglantes, l'une de têtes, l'autre de troncs mutilés, eurent été élevées aux deux bouts de la place, qu'il me fut permis de me retirer chez moi. . . . . . .

Euschart, trad. par F. de Lanoye (*Tour du Monde*).

LE LUXE CHEZ LES GABONAISES

Les femmes ont la tête allongée et le front saillant, mais elles ont rarement le visage osseux et amaigri du Pahouin. Elles ont de l'embonpoint, trop peut-être, sans jamais arriver à l'obésité, infirmité à peu près inconnue aux races noires. Leur main étonne souvent par la petitesse et la finesse de son attache. Ce qui n'empêche pas ces beautés charnues et peu vêtues d'être parfaitement laides, à de rares exceptions près, et malheureusement chez elles l'art vient bien mal en aide à la nature. Ce n'est pas qu'elles ne soient coquettes. Elles couvrent leur poitrine de colliers, et attachent à leurs cheveux une multitude de grappes de perles blanches très-fines qui tombent sur leurs épaules ou descendent devant leurs yeux et leur fouettent le visage, parure originale et d'un bon effet. Leurs bras et leurs jambes sont garnis de bracelets de cuivre ou de fer poli, qui ressemblent ordinairement à de longs ressorts à boudin. Les jeunes mères s'enlaidissent à plaisir en se barbouillant des pieds à la tête, et, je ne sais trop pourquoi, avec une décoction de bois rouge. Elles portent un large baudrier tout couvert de coquilles

Victimes jetées au peuple dahomyen du haut de la plate-forme royale.

de cauris, et dans l'anse duquel repose leur enfant à la mamelle. De vêtements proprement dits, ces dames n'en ont point, et je n'en parle que pour mémoire.

Mais elles ont l'ito, un ornement qui est bien à elles. C'est un morceau d'écorce rouge plissée qui se passe sous la ceinture, et dont l'extrémité s'étale en éventail au milieu du dos, comme la queue épanouie d'un dindon qui fait la roue. Si ce volatile existait dans le pays, on croirait volontiers qu'il a servi de modèle à l'inventeur de ce bizarre accoutrement. Cette écorce souple et résistante, teinte en rouge avec une décoction de bois de santal, est empruntée à *l'emvien*, qui n'est autre chose qu'un figuier; cet arbre, qui d'après la tradition a fourni jadis des vêtements à nos premiers pères, habille donc encore aujourd'hui des gens presque aussi voisins qu'eux de l'état de nature.

Griffon du Bellay, Le Gabon (*Tour du Monde*).

FÉTICHES ET FÉTICHEURS, AU GABON

Fétiches et féticheurs sont deux mots qui reviennent à chaque instant à la bouche du Gabonais. Tout est fétiche pour lui. « *Moondah*, » le mot qui exprime cette idée, semble, comme le tabou des Taïtiens, être le fond de sa langue. Le petit ornement en griffes de tigre que ses femmes portent au cou est moondah; moondah encore l'herbe élégante et finement découpée dont il a bien soin d'orner ses instruments de pêche avant de les jeter à l'eau; moondah aussi le morceau de cervelle de léopard calcinée que le guerrier cache sous son pagne et qu'il caresse au moment du combat pour se donner du cœur. C'est là un grand fétiche; mais il y en a un autre plus puissant encore : c'est la cendre que produit la calcination des chairs ou des os d'un blanc; c'est un talisman infaillible à la guerre.

Mais ce ne sont là que des amulettes, des grigris. Les vrais dieux sont des représentations plus ou moins grotesques de la forme humaine. Ces idoles ont souvent la prétention de reproduire les traits de l'Européen, son nez aquilin, ses lèvres minces, son visage coloré. Est-ce une simple fantaisie? Est-ce une sorte d'hommage rendu à la supériorité de l'homme blanc? Je ne sais. En tout cas, il n'y a pas lieu, je crois, d'admettre l'opinion d'un voyageur du siècle dernier, qui, ayant fait la même remarque au Congo et tenant compte du courant d'émigration qui attire vers la côte les peuples de l'intérieur, pensait que cette forme et cette couleur des idoles indiquaient peut-être l'existence d'une race blanche au centre du continent africain.

On voit quelquefois ces fétiches dans l'intérieur des habitations, surtout dans celles des chefs, où ils jouent le rôle tutélaire des dieux lares du paganisme; mais ce n'est pas l'ordinaire. Dans tout village, une petite case leur est spécialement affectée, modeste temple où parfois l'adorateur ne saurait entrer qu'en rampant, mais qui, dans les grands villages, a des proportions plus en rapport avec l'importance des hôtes auxquels il est destiné. Les indigènes ne laissent pas volontiers les Européens visiter la case fétiche.

<small>Griffon du Bellay, *Le Gabon* (*Tour du Monde*).</small>

Jeune féticheur.

AFRIQUE CENTRO-AUSTRALE

LES OUANYAMOUÉZI

Les Ouanyamouézi, propriétaires du sol, industrieux et actifs, ont sur leurs voisins une supériorité réelle et forment le type des habitants de cette région. Leur peau, d'un brun de sépia foncé a,

Batteurs de sorgho, dans l'Ounyamouézi

des effluves qui établissent leur parenté avec le nègre; ils ont les cheveux crépus, les divisent en nombreux tire-bouchons, et les font retomber autour de la tête, comme les anciens Égyptiens; leur barbe est courte et rare, et la plupart d'entre eux s'arrachent les cils. D'une taille élevée, ils sont bien faits et leurs membres annoncent la vigueur; on ne voit de maigres, dans la tribu, que les adolescents, les affamés et les malades; enfin ils passent pour être braves et pour vivre longtemps. Leur marque nationale consiste en une double rangée de cicatrices linéaires, allant du bord externe des sourcils jusqu'au milieu des joues, et qui parfois descendent jusqu'à la mâchoire inférieure; chez quelques-uns, une troisième ligne part du sommet du front et s'arrête à la naissance du nez. Ce tatouage est fait en noir chez les hommes, en bleu chez les femmes; quelques élégantes y ajoutent de petites raies perpendiculaires, placées au-dessous des yeux; toutes s'arrachent deux incisives de la mâchoire inférieure; le sexe fort se contente d'enlever le coin des deux médianes supérieures. Hommes et femmes se distendent les oreilles par le poids des objets qu'ils y insèrent. Quant au costume, les riches ont des vêtements d'étoffe, les autres sont couverts de pelleteries. Les femmes à qui leur fortune le permet portent la longue tunique de la côte, le plus souvent attachée à la taille; celles des classes pauvres ont sur la poitrine un plastron de cuir assoupli, et leur jupe, également en cuir, s'arrête au-dessus du genou; chez les jeunes filles, la poitrine est toujours découverte, et il est rare que les enfants ne soient pas entièrement nus. Des colliers nombreux, des fragments de coquillages, et des croissants d'ivoire d'hippopotame qui ornent la poitrine, des perles mi-parties, des grains de verre rouge enfilés dans la barbe (quand elle est assez longue pour cela), des anneaux d'airain massif, des bracelets de fil de laiton, de petites clochettes en fer, des étuis d'ivoire, forment les divers compléments de la toilette et sont quelquefois réunis chez les merveilleux. En voyage, on porte une corne à bouquin en bandoulière; au logis, un petit cornet la remplace et contient des talismans consacrés par le mgango.

Capitaine BURTON, *Voyage aux grands lacs de l'Afrique orientale.*

LES SALUTATIONS DANS L'OUJIJI

Les naturels de l'Oujiji ont un curieux cérémonial. Dès que le chef apparaît, on bat des mains, et les applaudissements éclatent parmi tous ceux qui l'entourent. Les femmes se font mutuellement la révérence et plient le genou jusqu'à terre. Lorsque deux hommes se rencontrent, ils se saisissent par le bras, se le frottent simultanément l'un l'autre, en répétant à diverses reprises : « Es-tu bien ? es-tu bien ? » Les mains descendent alors sur l'avant-bras, et les salueurs de s'écrier : « Comment vas-tu ? comment vas-tu ? » Enfin les paumes des mains se rejoignent et se frappent plusieurs fois, ce qui est une marque de respect, commune à ces tribus centrales.

Anonyme.

RÉCEPTION CHEZ LE SOUVERAIN DE LONDA

Il me vint à la pensée de montrer la lanterne magique à Chinte et à sa cour. Je trouvai à l'heure convenue mon chef sauvage, environné de ses dignitaires et de ses femmes. Le premier tableau représentait le sacrifice d'Abraham ; les personnages étaient aussi grands que nature et les spectateurs ravis trouvaient que le patriarche ressemblait infiniment plus à un Dieu que toutes les images de terre ou de bois qu'on offrait à leur adoration. Les femmes écoutaient mes explications avec un silence respectueux ; mais lorsque, remuant la glace où l'image était imprimée, le couteau qu'Abraham tenait levé sur son fils vint à se mouvoir en se dirigeant de leur côté, elles supposèrent que c'étaient elles qui allaient être égorgées à la place d'Isaac, et, se mettant à crier toutes à la fois : « Ma mère ! Ma mère ! » elles s'enfuirent pêle-mêle en se jetant les unes sur les autres, tombèrent sur les petites huttes qui renferment les idoles, foulèrent aux pieds les plants de tabac, mirent en pièces tout ce qu'elles rencontraient. Il nous fut impossible de les rassembler de nouveau. Toutefois, Chinte resta bravement assis au milieu de la mêlée et ensuite examina l'instrument avec un vif intérêt.

Au bout d'une dizaine de jours, Chinte vint me faire une visite dans ma tente, et, fermant bien toutes les ouvertures, il tira de son vêtement un collier auquel était suspendue l'extrémité d'un coquillage conique ayant aux yeux de ces peuplades autant de valeur que les insignes du lord-maire peuvent en avoir à Londres ; puis, me le passant autour du cou : « Maintenant, me dit-il, vous avez une preuve de mon amitié. » Cette décoration, c'était sans doute quelque chose comme la grand'croix de l'ordre de Londa.

LIVINGSTONE

GRANDE MODE DANS L'AFRIQUE INTÉRIEURE

Les Vouagouhha nous frappèrent par leurs coiffures compliquées. Beaucoup d'entre eux divisent leur chevelure en quatre parties ; de chacune de ces masses ils recouvrent des coussinets ; puis ils font des nattes de la portion terminale, y ajoutant de faux cheveux, s'il est nécessaire.

Les quatre nattes sont ensuite attachées derrière le chignon, où elles forment une croix. Des brochettes, ou de nombreuses épingles de fer ou d'ivoire, épingles à grosse tête, plantées à la naissance des cheveux, composent un bandeau ; parfois on les remplace par deux rangées de cauris.

Des élégants mettent aussi dans leur chevelure le couteau dont ils se servent pour le tatouage ; ils surmontent le tout de bandes de fer poli, disposées en arceaux qui s'entre-croisent, comme dans une couronne royale. De petits ornements en forme d'éteignoir sont suspendus au bout des nattes ; et un enduit, composé de terre rouge et d'huile, recouvre les tresses : mode d'un effet saisissant, mais mode malpropre.

Différentes coiffures des Vouagouhha.

D'autres Vouagouhha se tordent les cheveux, après les avoir également divisés, et s'en font quatre cornes, dont l'une, celle qui est au-dessus du front, se recourbe en arrière. . . . . .
. . . .

Les classes supérieures de l'Oubâdjoua portent le même costume, les mêmes ornements, le même tatouage que les Vouaroua et les Vouagouhha, et semblent appartenir à la même race. Les gens du peuple, qui, autant que je puis le croire, sont les aborigènes, diffèrent complétement des notables par le costume et par les traits. Leurs femmes se font, dans la lèvre supérieure, un trou qu'elles agrandissent peu à peu en y insérant d'abord des chevillettes, puis des morceaux de bois ou de pierre, jusqu'à faire saillir la lèvre d'un pouce et demi à deux pouces : ce qui les défigure d'une façon hideuse et les empêche de parler distinctement.

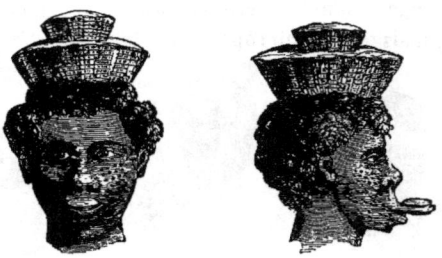

Lèvres des femmes de l'Oubâdjoua

Pour costume, elles ont d'un à trois coussinets de cuir, faits sur le patron des cornes de buffle ; ces cornes, appliquées par leur base, ont la pointe en avant ; un petit morceau de feutre d'écorce, d'environ six pouces de large sur huit ou dix de longueur, s'y accroche et sert de tablier. Les hommes se barbouillent la chevelure de graisse et d'argile rouge ; leur vêtement consiste en un tablier de peau. Hommes et femmes se tatouent la figure au noir de fumée : tatouage mal fait, qui leur donne l'air d'avoir été profondément égratignés par un chat dont les griffes, au lieu de sang rouge, ont fait venir du sang noir.

Mais gens de haute et de basse classe et gens des deux sexes portent, suspendues au cou ou bien attachées en haut du bras, de petites images sculptées, comme préservatifs contre les mauvais esprits. Ces amulettes sont ordinairement creux et remplis d'ordures qu'y a mises le féticheur....

CAMERON. A travers l'Afrique.
(Tour du Monde.)

ÉCHANGE DU SANG DANS L'AFRIQUE CENTRALE

Saïd Mezroui, notre guide, allait devenir frère de Pakouané-houa ; je me rendis au village de Mékéto pour être témoin de la curieuse cérémonie. Je trouvai Pakoua assis en plein air et surveillant la peinture du front de sa femme, ce qui semblait être pour lui une affaire sérieuse. L'artiste, muni des couleurs voulues, préparées à l'huile, chacune sur une feuille séparée, étendit ses différentes teintes avec un couteau sur le front de la dame, forma soigneusement son dessin, puis enleva les bavochures, de manière à ne laisser que des lignes très-nettes.

L'opération terminée, le chef m'invita à venir chez lui. Sa case avait environ vingt pieds de côté sur chaque face. Les murs en étaient ornés de carrés blancs, jaunes, rouges, bordés de raies blanches et de raies noires. De ces carrés, les uns étaient unis, les autres semés à profusion de points blancs formés avec le bout du doigt.

Intérieurement, les parois étaient lambrissées d'un enduit très-lisse, jusqu'à une hauteur de quatre pieds. De chaque côté de la pièce, se trouvait une banquette en pisé, de trois pieds de large, tapissée de nattes et faisant l'office de divan. Dans l'un des coins était une grosse pile de ces blocs de bois dont on fait des écuelles ; dans l'autre, un foyer qui servait le soir et les jours de pluie. Comme dans toutes les cases des indigènes, la fumée n'ayant pas d'autre issue que la porte, l'intérieur de la toiture, où séchaient des bois d'arc et des hampes de lance, était revêtu d'une couche de suie d'un noir brillant. Un lit d'argile battue, parfaitement unie, formait le parquet.

Tout d'abord je ne distinguai rien de ce qu'il y avait autour de moi, puis mes yeux s'habituèrent à l'obscurité de la pièce, et je vis une grande quantité de gourdes, de vases et de marmites suspendus aux solives. L'ordre qui régnait partout prouvait que la maîtresse de la maison était une parfaite ménagère.

Vint enfin la cérémonie. Après un certain nombre de discours, Saïd et Pékouanéhoua échangèrent des cadeaux, au grand bénéfice du premier, d'autant plus qu'il m'avait emprunté les perles dont il fit présent, et qu'il oublia de me les rendre. Ensuite Pékouanéhoua exécuta un air sur son harmonium ; puis il fut procédé à la fraternisation. Le premier notable de la province était parrain du chef ; un de mes soldats remplissait le même office auprès de Saïd. Lors donc que Pakoua eut joué son air, on pratiqua au poignet de chacun des présentés une légère incision, juste suffisante pour obtenir un peu de sang, qui fut recueilli chez l'un, puis déposé sur la coupure de l'autre, où une friction l'introduisit, et réciproquement.

L'échange du sang ayant eu lieu, le parrain du chef plaça sur l'épaule de celui-ci la pointe d'une épée qu'il tenait à la main. Sur cette épée, le parrain de Saïd aiguisa son couteau ; en même temps, l'un et l'autre appelèrent sur Pakouanéhoua et sur tous les membres de sa famille, passés, présents et futurs, les malédictions les plus véhémentes, si jamais il lui arrivait de briser en action, en parole, le lien qu'il contractait, demandant qu'en pareil cas sa tombe et celle de chacun de ses parents fussent souillées par les pourceaux. La même formalité s'accomplit à l'égard de Saïd ; dès lors rien ne manqua au pacte fraternel, et nous nous retirâmes....

Cameron. A travers l'Afrique.
(Tour du Monde.)

HABITANTS DES BORDS DU LAC VICTORIA

Pour voir l'Africain dans toute sa beauté, il faut aller le chercher dans la région de l'équateur, à l'ombre fraîche des bananeraies, au milieu de l'abondance que produit cette terre féconde.

Village de Mékéto

Après avoir été frappé de la teinte merveilleuse, de la puissance, de l'éclat de cette feuillée gigantesque, de la profusion de ces grappes massives, de cette végétation constamment printanière sous un ciel de feu, on remarque que les habitants s'harmonisent avec le paysage, et sont non moins parfaits dans leur genre que les fruits gonflés de séve qui pendent au-dessus de leurs têtes. Tous leurs traits semblent proclamer qu'ils vivent au milieu de grasses prairies, de vallées fertiles, dans un pays de laitage, de miel et de vin. La vigueur de ce sol, qui ne connaît pas de repos, paraît s'être infusée dans leurs veines; leurs yeux brillants, au regard rapide, semblent refléter les rayons du soleil; leur corps, d'une belle nuance de bronze, leur peau fine, lustrée, humide, onctueuse, leurs bras et leurs flancs aux muscles fortement accusés, tout leur être annonce une vie exubérante.

Stanley. *Tour du Monde.*

LES VOUABOUDJOUÉ (1) ET LEURS VOISINS
(A L'OUEST DU LAC TANGANYIKA.)

Nous fîmes connaissance avec les Vouaboudjoué ou Vouabâdjoua, des êtres doux et simples, tout le contraire des hommes féroces que les Arabes nous avaient dépeints. A en juger d'après ceux que nous avons vus, les indigènes du Roua, de l'Ougouhha et de l'Ouboudjoué forment l'élite des fashionables de la coiffure. Chez eux, la perfection de l'arrangement capillaire est poussée jusqu'à l'absurde. On ne se figure pas la variété des modèles; quelques-uns étaient d'un goût et d'un fini remarquables, presque touchants par le soin qu'ils avaient exigé, et qui té-

---

1. C'est-à-dire habitants de l'Ouboudjoué. *Voua* ou *oua* est une syllabe préfixe qui, dans l'Afrique équatoriale signifie *peuple; ou* signifie *pays.*

moignaient du désir qu'ont ces pauvres sauvages de se parer le mieux possible.

L'amour de la sculpture est également l'un des traits distinctifs des Vouagouhha et des Vouaboudjoué. Il y a aux portes de leurs demeures des ornements qui ressemblent à des figures humaines. Leurs villages sont décorés de statues en bois; et les arbres des forêts qui séparent les deux contrées présentent souvent de curieux échantillons de l'art indigène.

Nous entrons ensuite dans l'Ouhyéya. Les habitants sont franchement inférieurs à ceux que nous venons de voir. Le peu de mérite qu'ils ont paraît leur venir de leurs rapports avec les Vouaboudjoué. Eux aussi aiment la parure; ils se badigeonnent de rouge et de noir, et font, avec de la vase de cette dernière couleur, un disque de la dimension d'une assiette, qu'ils s'attachent derrière la tête.

Leurs incisives de la mâchoire supérieure sont limées en pointe; « mais parce que c'est la coutume et non par goût pour la chair humaine. » Ils montrent même à l'égard de cet aliment une répugnance très-vive.

Si bas placés qu'ils puissent être dans l'humanité, ces pauvres décorés de fange n'en mirent pas moins un empressement admirable à nous être utiles, pourvoyant à nos besoins, offrant de nous servir de guides, et nous conduisant dans l'Ouvinza, la contrée voisine.

STANLEY. *Tour du Monde.*

LES MANYÉMA
(AU NORD-OUEST DU LAC TANGANYIKA.)

Nous avions vu près de vingt villages du Manyéma, environ quatre mille indigènes, ce qui nous permet de donner quelques détails sur les gens de cette province. Leur armement se compose d'une lance qui, après celle des Vouaganda, est probablement la plus parfaite qui existe, et d'un sabre à courte lame, porté dans un fourreau de bois orné de clochettes de fer et de laiton. Leurs boucliers, faits également de bois, sont de véritables portes. Un étroit tablier de peau d'antilope ou de fin tissu d'herbe constitue leur vêtement. Des cônes, des loupes, des

Types de Manyéma

plaques d'argile décorent leur chevelure et leur barbe. Le vieux Ngoè avait le poil du menton enfermé dans une boule de terre noire; ses enfants portaient leurs cheveux en tresses nombreuses, terminées par des aiguillettes d'argile. A Kizambala, nous avons vu, sur les crânes, des cônes et des cornes, toujours en argile; les plus ambitieux se faisaient une couronne également en pisé. Les femmes, dont les cheveux sont abondants, en arrangent une partie de façon à représenter pour nous une passe de chapeau, que soutient une légère armature de corne, et laissent flotter le reste sur leurs épaules. Elles paraissent faire toute la besogne; car du matin au soir on les voit, le panier ou la hotte sur le dos, aller à la pêche, ou revenir avec une charge de bois, ou porter au marché les produits de leur travail.

STANLEY. *Tour du Monde.*

LES DAMARAS

Les hommes sont de taille ordinaire et généralement bien prise; leur couleur est d'un brun foncé, comme celle des Cafres, et leur chevelure est généralement tenue droite et tressée en nattes, longues de sept centimètres au plus et pommadées de graisse mêlée à de l'argile rouge. Leur vêtement consiste en cent ou cent cinquante mètres de minces lanières de cuir, repliées autour des hanches avec une petite pièce de peau passant entre les jambes, et dont les bouts sont remontés et attachés par devant et par derrière dans les courroies des hanches. Ils portent pour ornements des verroteries, des bagues de fer et des bandes d'étain ou de cuivre; quand ils sont assez riches pour faire cette dépense, ils mettent dans leur chevelure, au centre du front, une coquille de bucarde.

Le costume des femmes est encore plus singulier. Des cordons de perles, soit en verroteries, ou en fer, ou en coquilles d'œufs d'autruche, sont pendus à leur cou ou à leurs hanches. Aux chevilles, elles ont des anneaux de fer tortillés sur des lanières de cuir et qui sont superposés l'un à l'autre, en sorte que l'inférieur tombe sur le talon et le cou-de-pied. Mais la pièce la plus extraordinaire de leur parure est un bonnet de fort cuir, dessinant le derrière de leur tête, orné de trois grandes oreilles aussi de cuir, une à chaque côté et la dernière sur l'occiput, toutes trois arrondies, creusées et redressées avec art, et enduites de graisse et d'argile rouge. Ce bonnet est ordinairement décoré de garnitures d'écailles communes; la portion de cuir qui en retomberait sur les yeux est attachée et roulée au-dessus du front, de façon à descendre le long des joues jusque sur les épaules. Par derrière et au milieu du bas de la coiffure, on attache une queue longue de soixante à quatre-vingt-dix-centimètres et large de quinze à vingt, qui est faite de petits tubes d'étain ou de fer-blanc, enveloppant des lanières qu'on coud à côté l'une de l'autre, sur une pièce dont l'extrémité est découpée en franges.

THOMAS BAINES, *Voyage dans le S.-O. de l'Afrique*,
abrégé par Belin de Launay.

MERS DE L'AFRIQUE AUSTRALE

CHASSE A L'ALBATROS

Dans ces luttes contre les éléments, l'homme n'a pour spectateur que le pétrel et l'albatros, les géants des oiseaux de mer ; seuls avec lui, ils affrontent les éléments déchaînés. Tandis que l'homme tire cet avantage de son génie, l'oiseau le doit à la puissance de son vol ; lorsque, pressé par un vent déchaîné, le navire fait ses vingt-sept kilomètres à l'heure sous une voilure réduite, les oiseaux planent majestueusement au-dessus de la pointe de ses mâts, qui donnent des oscillations de trente-cinq degrés et décrivent un arc de soixante-dix degrés avec une vitesse vertigineuse qui met à l'épreuve la patience des passagers.

Les pétrels et les albatros qui suivent les vaisseaux sont guidés par leur gourmandise ; ils guettent les miettes qui sortent de ce navire, autour duquel ils trouvent la proie que l'Océan déchaîné eur refuse.

Ils ont dans le matelot un adversaire toujours prêt à leur tendre des embûches : les uns font voler des lignes de soie où le fouet de leurs longues ailes s'engage ; les autres leur jettent des lignes bien amorcées. L'hameçon a-t-il pénétré le cartilage d'un bec, la lutte commence ; le matelot, habile pêcheur, rend la main ; sa ligne ne saurait résister aux efforts d'une envergure de quinze pieds, qui s'arc-boute subitement ; l'oiseau cède à la douleur, il se rapproche peu à peu de l'arrière du navire ; la lutte n'est bientôt plus possible, l'eau pénètre dans le large bec qu'il ne peut plus clore, son dernier effort est bientôt annulé, il s'enlève et demande à l'air une résistance que l'eau lui refuse. Semblable à un cerf-volant, il donne des coups de tête ; mais dès qu'il a quitté le milieu résistant, il est devenu une proie assurée ; bientôt il est 'eté sur le pont comme une épave ; lui, l'oiseau du large, le

Pêche à l'albatros.

voilier émérite, ne peut s'échapper de ce plancher mouvant ; il a le mal de mer comme un novice ; il devient la risée du matelot, qui se venge, car il n'est pas rare que, lorsqu'il tombe à la mer, l'albatros lui lance de forts coups de bec sur la tête. Sa mort est décidée ; c'est à qui aura la dépouille du puissant palmipède.

Amiral FLEURIOT DE LANGLE, Tour du Monde.

LES MALGACHES

Les indigènes de Tamatave me semblèrent encore plus affreux que les nègres ou les Malais ; leur physionomie offre l'assemblage de ce que ces deux peuples ont de plus laid : ils ont la bouche grande, de grosses lèvres, le nez aplati, le menton proéminent et les pommettes saillantes ; leur teint a toutes les nuances d'un brun sale. Beaucoup d'entre eux ont pour toute beauté des dents régulières et d'une blancheur éclatante, quelquefois aussi de jolis yeux. En revanche, leurs cheveux noirs comme du charbon, crépus et cotonneux, mais infiniment plus longs et plus rudes que ceux du nègre, atteignent quelquefois une longueur de près d'un mètre. Quand ils les portent vierges, cela les défigure au delà de toute expression ; leur visage se perd dans une vaste et épaisse forêt de cheveux crépus. Heureusement les hommes les font couper tout ras sur le derrière de la tête, tandis qu'ils les laissent pousser par devant, tout au plus de quinze à vingt centimètres ; mode qui leur donne aussi un air très-drôle, car les cheveux montent tout droit en forme de toupet finement crépu ; mais ce n'est pourtant pas aussi affreusement laid que la forêt vierge.

Les femmes, et quelquefois aussi les hommes fiers de leurs précieuses chevelures et qui ne peuvent se décider à la couper, en font une multitude de petites tresses, que les uns laissent pendre tout autour de la tête, dont d'autres forment des nœuds ou des torsades dont ils se couvrent toute la tête. Ce genre de coiffure exige un temps et un travail infinis, surtout chez les femmes malgaches d'un rang élevé, qui font arranger leurs cheveux en un nombre infini de petites tresses. J'en ai compté plus de soixante chez une de ces merveilleuses beautés. Les esclaves de la bonne dame avaient certainement mis une journée à les faire. Il est vrai qu'une pareille coiffure ne demande pas à être renouvelée à chaque instant et se conserve huit jours et plus dans toute sa beauté.

La nourriture des Malgaches est aussi simple que leur costume : les principaux éléments du repas sont le riz et une espèce de légume qui ressemble à nos épinards et qui serait de très-bon goût si on ne l'apprêtait pas avec de la graisse rance. Les gens qui vivent près des fleuves ou sur les côtes de la mer mangent aussi quelquefois, mais très-rarement, du poisson. Ils sont beaucoup trop paresseux pour s'occuper sérieusement de la pêche. Quant à la viande ou à la volaille, bien qu'on la trouve en grande abondance et aux prix les plus modérés, on n'en mange que dans les grandes occasions.

Ida Pfeiffer, Madagascar (Tour du Monde).

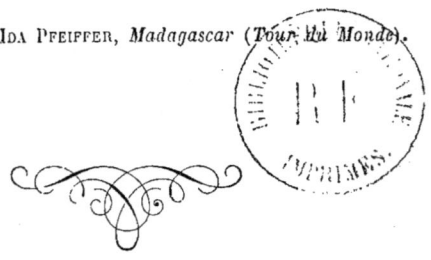

Imprimerie A. Lahure, rue de Fleurus, 9, à Paris.

Imprimeries réunies, B rue Mignon, 2.

www.ingramcontent.com/pod-product-compliance
Lightning Source LLC
Chambersburg PA
CBHW071338150426

43191CB00007B/774